TeT コンパクト聖書注解

コリント人への第一の手紙 II

H.W.ホーランダル◉著

池永倫明◉訳

教文館

目次

偶像に供えられた食べ物を食べる自由の制限。使徒としてのパウロの自由

教会の集会時の悪習。婦人の役割と共同の食事の際の弁えの欠けた振る舞い

装幀　熊谷博人

偶像に供えられた食べ物を食べる自由の制限。使徒としてのパウロの自由　八章1節―一一章1節

使徒パウロは八章1節から一一章1節の部分で、かつてコリントびと〔コリント派〕が彼に出した一通の手紙に記した主題を再び取り上げるように思われる（七・1参照、さらにI巻の序論も参照）。さてそこでは、異教の神殿で偶像に供えられた食べ物（特に肉）を食べるのはキリスト者なら自由ではないかという問題が出されている。この場合の肉は日常的な食料ではなかったことを考えておかねばならない。つまりローマ皇帝や特定の神々の栄誉のための公式の市の祝祭に際して、処処の神殿での特別な儀式的な集会で食べた肉である。さらに出生や結婚のような私的な祝会を家庭で、ときには神殿構内の広間を借りて開き、そのときも肉を食べた。神殿で食べる肉は、まず当の神に「供えられた」ものであった。市場で売られた肉の一部はこの神殿で祭司たちによって畜殺され、（偶像）神に供えられた肉であり、一部は別の所のものから、つまり（偶像）神に供えられなかった肉である。

キリスト者は偶像に供えられた食べ物を食べてよいのか、いけないのかという問題について、意見の不一致がコリント教会にあったのは明らかである。彼らの（ほとんど）すべての者たちは、回心以前は異教徒であり、このような偶像に供えられた食べ物を食するのになれていた。あるキリスト者た

ちは、自分たちがキリスト者になった今、なおも以前の異教の知人たちや友人たちと共に同じように偶像に供えられたものを食べてもよいものかと、自問した。しかし、そのように偶像の神殿に供えられた食べ物を食べるのに何の問題も感じないキリスト者もコリント教会にいた。彼らは神がどんな御方か、何を神は人間に求めておられるかの「知識」を自分たちは持っていると考え、さらにどんな環境でも、自分がしたいことを、して貰う「自由」があると考えた。彼らは自分たちを「新しい人間」であると思っていた。つまり、福音によって約束された救いを今では体験しているとうぬぼれていた。パウロはそのことでは、このキリスト者のグループとある程度一致していた。とはいえ、若干の微妙な違いを置こうとする。彼はキリスト者の自由にも限界があるのを彼らに納得させようとする。すなわち、そこにはその自由をこえるもの、隣人への愛がある（ロマ一四・13―一五・6参照、ここでパウロは部分的に似た問題を多少同じ仕方で取り上げている）。それゆえ、彼はコリント教会の読者たちに、（異教の）神殿に供えられた肉を食べることはなるほどゆるされているが、信仰の仲間たちの気持ちやその傷つきやすさを犠牲にすることはゆるされることではないと、指摘する。異教的生活を送った過去から容易に離れられない信仰の仲間が、それを平気で食べるのを見て疑念を抱き、再び異教的生活に立ち帰るおそれがあるとき（八章）は、そのような食べ物を実際に食べるべきでないのである。さらにある異教徒の会食者が、自分の崇める神に供えられた肉をキリスト者が食べるのを見て、それはおかしいと気付くときにも食べてはならない。なぜなら、異教徒はキリスト者の振る舞いに感銘を受けて敬意を抱く者となり、できればキリスト信仰に転向し救われなければならないからである

た肉を食べることである。なぜなら、これは偶像崇拝と同じであると（旧約聖書に）記されており、神によってきびしく罰せられるからである。神は以前イスラエルの民が荒野の旅の間に偶像崇拝をしたときに罰したのである（一〇・23―30）。絶対に避けねばならないのは、神殿での公式の儀式的会合の中で、神殿に供えられ

パウロは九章において、彼自身を模範として示し、読者たちに自由はそれ自身が目的ではなく、いつも限界があり、他者またその他者の益がその限界であることを理解させる。パウロは使徒として「自由」であり、常に誰にも従属しない。それにもかかわらず、彼はどんなときも、彼が関わる他者のことを考え、「わたしはすべての人に対してすべての人のようになり」、ひたすら福音のために他者をかちとろうとする。だから、パウロは神殿に供えられた肉を食べてよいか、いけないかという問題について語ったこの部分を、彼に倣いなさい、すべてを「神の栄光のために」（一〇・31―一一・1）行いなさいという呼びかけで締めくくるのである。一一章1節は、これまで記された内容と結びつく。一一章2節でもって、コリントのキリスト者たちの実際の諸集会について取り上げる新しい部分が始まる。偶像に供えられた食べ物を食べることについてのパウロの公平な姿勢は、初代教会における指導者たちの間ではほとんど類例がなかった点で注目すべきである。この指導者たちは、異教の神殿に供えられた肉を食することはどんなときも避けるのが当然であるという意見であるのが通例であった。例えば一世紀の終わりに記された使徒行伝の中に、キリスト者たちはなかんずく「偶像に供えられた食べ物を避けねばならない」（一五・20、29）と書かれている。使徒行伝の著者は、この箇所でエル

サレムのキリスト教指導者たちが紀元五〇年直前にシリアとキリキアの異邦人キリスト者たちのもとに使者を送って伝えたと思われる公式書簡の内容を記している。しかし、その歴史性には疑問が付されるであろう。なぜなら、このコリント人への第一の手紙を紀元五〇年近くに書いたパウロは、エルサレムからのこのいわゆる「司牧教書」についてどこにも言及していないからである。おそらく紀元一〇〇年頃に記されたヨハネの黙示録においても、偶像に供えられた肉を食べてはいけないと警告されている（二・14、20参照）。さらにディダケー六章3節には、「偶像に供えられた食べ物から離れなさい。なぜならそれらは死せる神々を崇拝することになるからである」と記されている。ユスティノス『ユダヤ人トリュフォンとの対話』三四・8―三五・2、使徒憲章七、二一等も参照されたい。偶像に供えられた食べ物を食することとの無条件の拒絶が、皇帝礼拝と関わることは大いにありうることである。この皇帝礼拝は紀元二世紀初頭にローマ帝国の特定の地域ではいよいよ盛んになっており、異教の神々の崇拝と密接に結びつけられてなされた。撥《は》ねかえりや迫害の不安から、この皇帝礼拝に参加し、こういう特別な機会に神殿に供えられた肉を食べたキリスト者たちがその地域にいたのは明らかである。この妥協傾向の強いキリスト者たちは、そのつど他の人々によって正され、神殿に供えられた肉を食することに対して全面的な禁止を命じられなければならない。

偶像に供えられた食べ物を食べる自由の制限。使徒としてのパウロの自由

知識にまさる愛

八章

1 偶像への供え物について答えると、「わたしたちはみな知識を持っている」ことは、知っている。しかし、知識は人を誇らせ、愛は建て上げる。
2 人が、自分は何か知っていると思うなら、その人は、まことの知識の意味での知識を、まだ持っていない。
3 しかし、人が神を愛するなら、その人は神に知られている人である。

これらの三つの諸節で、使徒パウロは八章1節から一一章1節の〈偶像への供え物を食することがキリスト者たちにゆるされるのかという〉主題に切り込んでゆく。パウロにとって、この問題は本来二つの事柄を軸にして回転する。その二つの事柄とは、互いにある緊張関係に立つ。それは知識と愛である。パウロはコリントの一部のキリスト者たちと違って何のためらいなしに愛を選ぶ。愛は「建て上げる」もので、まことのキリスト者の目印であるが、知識は「人を誇らせる」だけである。

パウロは八章1節から一一章1節までの部分のこの主題に、「偶像への供え物を食べることについて答えると……」という言葉で切り込んでゆく。この「について答える」という言葉は、コリントびとがかつて彼に出した手紙の中で議論になった主題をめぐってパウロが彼らを責めているのを示している。コリントびとから出された手紙の差出人たちは、偶像に供えた物を食べることは、キリスト者の場合いつでもゆるされるという見解をとっていたとしか思われない。彼らはこの見解について様々な理由をあげていたに違いなく、この点でかなり控え目なキリスト者たちを「弱い」者と思っていた。それらの理由のひとつに、最重要なものではないながらキリスト者には神と神の意思についての「知識」があるということがあった。コリントの多くのキリスト者たちにとって、この「知識」はまことのキリスト者の目印のひとつであった(一・5参照)。

コリントびとがかつてパウロに差し出した手紙に対するパウロの返答の中で使徒は、キリスト者たち(「わたしたち皆」)にこの知識があることを否定していない(1節)。パウロは「わたしたちは知っている」という冒頭の言葉でもって(二・2、三・19、七・14、八・22、28、Ⅱコリ五・1参照)、すべてのキリスト者はこの知識があることがキリスト者の目印のひとつであることを知っている、また知っているはずだと言明している。しかし、この知識の所持には厄介な副作用があるとパウロはコリントびとに教えている。これは人を「誇らせる」(1節)。つまり、人はそれで自分が偉くなったと思うのが常であり、また他の人に劣るのを苦にする。パウロによれば、これは明らかにコリントの群自身に当てはまることであった。彼がこの手紙の別の箇所で「高慢」、「思い上がり」、あるいは「慢心」を抱く特定のコリントびとを責めている事実がその証拠である（例、四・6、18―19、五・2参照）。自分たちにはあると思っている知識が大変なものであると思って「高慢」になり、信仰の仲間のキリスト者たち多くを見下すキリスト者が、コリント教会にいたのは明らかである。その知識に対してパウロは初めから、それよりははるかに重要なもの、つまり愛を向い合わせている。この「建て上げる」（1節）というのは、信仰の仲間とキリスト教会全般の霊的な幸《さいわい》のために配慮することである。この比喩的な意味の「建て上げる」は、パウロの思想において非常に重要な役割を果たしている（ロマ一四・19、一五・2、Ⅰコリ八・10、一〇・23、一四・3―5、12、17、26、Ⅱコリ一〇・8、一二・19、一三・10、Ⅰテサ五・11参照）。また信仰の仲間への愛は、この「建て上げる」に特徴がある。愛は知識と違って自分自身に向けられず、それゆえ、愛は誇らず、「高ぶらない」（Ⅰコリ一三・4）。逆に、愛は他者に向けられ、キリスト者仲間の（霊的な）幸《さいわい》に向けられる。それゆえに、パウロによれば、キリスト者の生活において、愛は知識よりもはるかに重要である。使徒はこの手紙の後の箇所でさらに愛についてもっと広範に論じる（一三章参照）。

パウロは愛と知識を向い合わせた後、4節で偶像に供えた物の主題に入る前に、やや短く知識と愛の両方にふれる（2―3節）。彼はまずコリントびとに「自分は何か知っていると思う人は、まことの知識の意味での知識をまだ持っていない」ことをわからせようとする（字義通りには「人が自分は何か知っていると思うなら、その人は知らなければならないことすら、まだ知っていない」であり、この表現についてはロマ八・26の「わたしたちはどう祈ってよいか、わからない」を参照）。パウロはこの所見でもって、自分たちの知識を自慢するコリントびとに、彼らの知識はいつも制限されているのを明らかにする。一方で彼らはそんなことはおそらく思いも及ばなかったであろう。何かを知っていると思い込む人々は、真の知識、まさに真の知識は別の秩序のものであることに気づいていない(三・18参照)。彼らの知識は地上的なこの世の知識であり、この世と共に朽ちるであろう(一三・8—12参照)。またパウロの考えでは、それゆえ知識はキリスト者の生活において決して中心的なものではない。知識は重要であるが、最も重要なものではない。

パウロが3節で続けているように、とりわけ重要なのは、知識を持つかどうか、神を「知る」かどうかではなく、神を「愛している」かどうかなのである。「神を愛する」ことは、ユダヤ教、キリスト教において真の信仰の目印である(ソロ詩四・25、ロマ八・28、Iコリ二・9、ヤコ一・12、二・5)。また真の信仰者として、彼らは神に「知られている」(3節)。つまり、神によって選ばれ、神によって彼のものとして受け入れられている。あるいは、パウロがガラテヤ人への手紙四章9節で語るように「今は神を知っている、いや、むしろ神から知られている」のである。このことがコリントびとにはよく分っていなければならない。知識、神についての知識が、最も重要なのではなく、神が彼らを知っていてくださることが最も重要なのである(一三・12、IIテモ二・19、ヨハ一〇・14参照)。さらに彼らは、真の信仰者として、神を「愛している」人々として、とりわけ愛の振る舞い、隣人への愛によって導かれているときに神に知られている(Iコリ一三章、ロマ一三・8—10、ガラ五・14、六・2参照)。この愛の振る舞いがキリスト者たちの目印でなければならない。これはパウロがコリントの彼の読者たちに次の章節で指摘するように、偶像に供えた物を食べるか食べないかの問題にもまさに当てはまるのである。

「弱い」キリスト者に対する責任

八章

4 さて、偶像に供えられた物を食べることについては、わたしたちは何の意味もない偶像が世に在ること、また、唯一の神のほかには神がないことを、知っている。
5 というのは、たとい「神々」といわれるものが、天にせよ、地にせよあるとしても――多くの「神々」と多くの「主ども」があるようではあるが――
6 わたしたちにとってはそうではない。唯一の神、父がいまし、万物はこの方から出て、わたしたちもこの神に帰する。また、唯一の主、イエス・キリストがいますのである。万物はこの方によって在り、わたしたちもこの方によってわたしたちなのである。
7 しかし、この知識をすべての人が持っているのではない。ある人々は、偶像にまだなじんでいて、そういう物を偶像に供えられた物と見ていて、それを食べるときに、弱いままに罪意識をおぼえる。

8 もちろん神は、わたしたちが食べたか食べないかでわたしたちについての考えをお決めになりはしない。食べなくても損はないし、食べても得にはならない。

9 しかし、あなたたちの食べたいものを食べる権利が、弱い者たちのつまずきにならないように、気をつけなければならない。

10 なぜなら、ある弱い人が、知識のあるあなたが偶像の宮で食事をしているのを見た場合、それによって「強くされた」と思い、偶像に供えられた食べ物を食べるようにならないだろうか。

11 するとその弱い人は、あなたの知識によって〔信仰〕を失うことになる。この同信の仲間が。キリストがそのために死なれた人が。

12 このようにあなたたちの同信の仲間たちに対して罪を犯し、彼らの霊的な弱さをつくことで、あなたたちはキリストに対して罪を犯すのである。

13 だから、もし何かを食べることがわたしの同信の仲間を罪に導くのなら、わたしはもう決して肉を食べはしない！　同信の仲間が罪に導かれないために。

パウロは先の1—3節で短く知識と愛について語った後で、1節冒頭でふれた偶像への供え物を食べる問題を再び取り上げる。彼は、この世の中の人々が多くの神々を崇拝しているが、それらの「偶像」は実際は世に存在しないことについては承知している（4—5節）。実際は唯一の神、キリスト者たちの神のみがおられ、また唯一の「主」、すなわちイエス・キリストがおられる（4節結びと6

節）。そのかぎりにおいて使徒は、自分たちの神認識に基づいて偶像に供えられた物を食べると、かつてパウロに書いて寄こしたコリント人らと同意見である。しかし、パウロは七節で、すべてのキリスト者がこの神認識を等しく持っているわけではないと強調する。つまり、あるキリスト者たちは、偶像に供えられた物を食べるときは疑いに陥《おちい》るからである。

次いでパウロは偶像に供えられた物を食べることについての最初の若干の結論をそこから引き出す。彼はまずキリスト者の生活においては、食べることはあまり重要な事柄ではないと強調する。食べることとそれ自体は、神の目にも、その際それを食べない人々にとっても、重要なことではないのである（8節aとb）。しかし、パウロはすぐに続けて述べるのであるが、他の弱いキリスト者たちが偶像に供えた物についての彼らの感覚と信念とに逆らってそれを食べたりして、それによって真の信仰から墜落することの原因に、「知識」のあるキリスト者たちがなることはゆるされないのである（9―12節）。パウロは結びでコリントの読者たちに彼自身を模範として示す。すなわち、彼は、誰か同信のキリスト者が唯一の真の神を疑うようになるというなら、もはや決して肉は食べないというのである（13節）。

パウロは4節で、偶像に供えられた物を食べるという本章の主題を再び取り上げる。使徒は1節で最初に主題に触れたのと全く同じように、すべてのキリスト者に関わる意見、あるいは関わるに違いない意見で対応する（「わたしたちは……知っている」。1節参照）。キリスト者たちは、「偶像なるものはこの世に存在しないこと、また唯一の神のほかには神がないこと」を知っており、あるいは知っていて当然である。パウロがここ1節で「知識」という言葉を用いるときに、このコリントびとらがかつてよこした手紙の中の文言を引き継いで用いていることはおおいにあり得る。キリスト者にとって偶像への供え物を食べることはゆるされているのだと、このコリントびとらのなんにんかが考えたのは、同時に、キリスト者として偶像に何の価値も認めず、ユダヤ教徒・キリスト者によって崇拝されるのは唯一の神だけであるという事実からの結論であるわけである。つまり、偶像のことなどどうでもよいことで、安心して偶像への供え物を食べられるというものである。パウロは再びそのこと自体については彼らの考えと一致すると、述べる。すなわち、キリスト者たちは、意味ある偶像なるものは存在しないし、唯一の真の神のみがいますことを知っており、知っているはずである。「偶像は意味あるものではない」（字義通りには「偶像は何ものでもない」）。同じ表現は例えば七・19、一〇・19を参照）。このことと「唯一の神のほかには神はない」（一二・5―6、ロマ三・30、エペ四・5―6、Ⅰテモ二・54参照）こととは、コリントのキリスト者たちが疑いなく回心のときに学んでいたものであった。彼らはキリスト者になったとき、唯一の神を崇拝し、他の神々（偶像の神々）を軽視するユダヤ教と初代キリスト教の伝統を引き継いだ（ユダヤ教のテキストでは、例えばソロモンの知恵一三―一五、エレミヤの手紙、アリステアスの手紙一三四―一三九、ヨセフス *Antiquitates Judaicae*（ユダヤ古代誌）三・九一、八・三四三、フィロン *De opificio mundi*（創造について）一七〇―一七二、*De specialibus legibus*（特殊律法）一・二八―三〇、*De confusione linguarum*（諸言語の混乱）

一七〇―一七一、*De virtutibus*（美徳について）二一二―二一九、*De decalogo*（十戒について）五一―八一参照）。〔偶像は何物でもないことと唯一の神のほかには神はいないこととの〕二つの主題は、異教徒に対するキリスト教使信の重要な部分をなしていた。キリスト者になった異教徒たちは、彼らのこれまでの偶像礼拝と離別せねばならなかったし（なぜなら、それはユダヤ教徒とキリスト者の目には「偶像崇拝」であったからである）、また天地を創造した唯一の神以外に別の神々はいないことを悟らねばならなかった。

それにもかかわらず、異教徒の人々によって崇拝される多くの「神々」があることは無論否定できない。つまり、「たとい多くの『神々』といわれるものが、あるいは天に、あるいは地にあるにしても」――確かにそこに多くの「神々」と多くの「主ども」があるとしても――と言われるわけである（5節）。パウロがこの5節（また後続の節でも）で、これらの言い方を全体的か部分的かかつてコリントびとらから届いた手紙から引用したのか、それともここで全くパウロ自身の表現なのかは詮索《せんさく》の余地がない。ここでは多かれ少なかれ当り前の事柄を記していると御理解されたい。つまり、世の中には多くの人物・事柄・事象が「神」や「主」として崇められているのが実態である。しばしば主張されているのは、パウロは「神」と「主」という言葉で様々な偶像崇拝を指し示すのであって、「神」でもって例としてギリシア－ローマの神々（たとえばゼウス、アポロン、デメテル）を念頭におき、他方「主」でもって東方の神々、つまり密儀礼拝の神々（たとえばイシス、オリシス、ミトラ、ディオニソス）を念頭においているのでないかと言われている。あるいは、パウロは「神」でもって、周知の異教の神々を、「主」でもってさらに半神半人や、神人を念頭においているのではないかとも言われている。しかし、やはりパウロはこうした「神」と「主」という語を特に区別をつけずに用いているのであろう。また彼のユダヤ教・キリスト教の背景から、「神」（＝ユダヤ人とキリスト者の神）という語と「主」（神、イエス・キリスト）という語になじんでいたため、この二つの語を特別区別せずに用いたのではなかろうか。

パウロはコリントの読者たちに、この世には多くの「神々」が崇拝されていることを指摘し、あるいは認めた後で、6節でキリスト者（「わたしたち」）にとって唯一の神、唯一の主がいますことを強調する。さらに、異教徒たちは多くの「神々」に仕えるが、キリスト者たちは唯一の神、「父なる神」を知っている。パウロは別の箇所でも、神を「（わたしたちの）父」と呼ぶ（一・3、一五・24、ロマ一・7、八・15、Ⅱコリ一・2、ガラ一・1、3、4、四・6）。この「父」という神の呼称は、初代キリスト教会では広く用いられ（例、マタ五・16、45、48、六・1、4、6、8、9、マコ一一・25、ルカ六・36参照）、またユダヤ人たちが神について持っている表象にも合致していた。彼らユダヤ人たちも神を「父」と呼ぶことができたが、しかし、他の人々も神に対してこの「父」という呼称を用いた（プラトン *Timaeus*（ティマイオス）二八C、三七C、エピクテートス *Dissertationes*（語録）一、三、一、ディオゲネス・ラエルティオス *Vitae philosophorum*（哲学者たちの生涯）七、一四七参照）。「父」と呼ぶことで、信仰者たちは、神が宇宙の創造者であって、保持者、また万物と全人類の根源であることを表現していた。

パウロが6節aで述べるように、キリスト者たちにとっては、ユダヤ教徒とキリスト教徒の唯一の神は万物と全人類の根源なる「父」である。「万物はこの御方から出る」（6節a）とは、この唯一の神のことである。すなわち、その御方が確かに天と地の創造主である。さらに使徒は今再びヘレニズム文化においてかなり一般的に知られた表現を用いる。たとえば、マルクス・アウレリウス四、二三で「あなたから万物は出《い》で、……あなたの中に万物はあり……あなたに向けて万物は出《い》ずる」と記す（さらにフィロン *De cherubim*（ケルビムについて）一二七、プルタルコス *Moralia*（倫理論集）四三六D、一〇〇一C、ディオゲネス・ラエルティオス *Vitae philosophorum*（哲学者たちの生涯）七、一四七、さらにロマ一一・36、Ｉコリ一一・12、ヘブ二・10参照）。

パウロはよく知られた文言で読者たちに、神は万物の根源であるのを知らせようとしているだけではなく、同時に神と信仰者たちの特別な関係を強調しようとする。すなわち「わたしたち（わたしたちキリスト者）がこの御方から出ている」（6節b）というのは、まさにこの唯一の神である。神は万物と全人類の根源であるだけでなく、キリスト者たちにとって、この御方にあって生き、まさに目標、目あてなのである。

キリスト者を真のキリスト者にするものは、唯一の神への信仰ではなく――ユダヤ人も唯一の神を信じている――とりわけ「主イエス・キリスト」への信仰なのである（6節c）。さらにパウロが続けるように「万物はこの主による」ところの唯一の神である（6節d）。この言葉が示すのは、神が世界を創造したとき、「仲保者」として助ける御方であったことである（ヨハ一・3、コロ一・16—17、ヘブ一・2、黙三・14参照）。パウロにとっては、彼の読者たちに「主イエス・キリスト」の創造的なお働きを示すことでは充分とは言えない。イエス・キリストは創造における神の「器」以上の御方である。すなわち、イエス・キリストはキリスト者に特別な関係がある。なぜなら、イエス・キリストは「わたしたち（わたしたちキリスト者たち）もこの主によっている御方である」（6節d）からである（ここは字義通りでは「わたしたちは彼による」）。キリスト者が「義とされ、聖化され、解放されており」（一・30）、時《とき》至ってこの御方にあって救いにあずかる「新しい」人とされたのを感謝すべきなのは、まさにイエス・キリストに対してなのである。

パウロが4—6節で言及するように、キリスト者たちは、世界を創造し、救いを信ずる者たちに救いを授ける権能を共に持たれる唯一の神と唯一の主とを知らされた人間なのである。これは何の意味もない多くの「偶像」を神や主として崇拝する他の人々と対照的である。

使徒はこれらのことを語った後に、偶像に供えた物を食べることの主題に立ち戻る。7節の「しかし……ではない」という言い方は、先述の言葉と緊密に結びついているのを示唆する（九・12、一〇・5、一五・46参照。逆の例、つまり後述の言葉と結びつく例としてはロマ五・15、一〇・16参照）。コリントびとの中に、意味ある偶像はないと知っていてこの偶像への供え物を自由に食べる人々が明らかにいた。パウロはそれを知っていたが——おそらく彼にかつて届けられたコリントびとからの手紙から――しかし、彼はキリスト教会の中にはそうした食べ物を食べることにとてつもない困難をおぼえる人々もいることを知っていた。それゆえパウロは「この知識をすべての人が持っているわけではない」（7節）のをコリントびとに知らせるのである。

パウロはこの7節でどのような「知識」のことを考えているのであろうか。彼は1節で「わたしたち（つまりすべてのキリスト者）は知識を持っている」と語った。神と神の意志についての知識を持つことは、このようにすべてのキリスト者の目印である。しかし、キリスト教に回心したすべての人々がこの知識を持つわけではなく、この神認識の一貫性のすべてをすぐに把握できるわけでもない。もちろんすべてのキリスト者たちは、唯一の神と唯一の主イエス・キリストを崇めているが、かといってすべての者が自分が異教徒であったとき確かに信じ切って崇拝していた異教の神々を無意味であると直《ただ》ちに分かるとはかぎらない。コリントびとのある人たちは、こうしたことの知識が（まだ）欠けていた。なぜなら、キリスト教に回心することは、異教との、つまり偶像崇拝との徹底した離別を意味したのであって、この転換を直ちに精神的にも、また実際生活でも、社会的にも、彼らのすべての生活の側面で飲み込むことは、すべての者にとって同じく楽であったわけではなかった。

コリントびとの中には彼らの人生を通して異教の神々を回心以前に崇拝し、また何年も偶像に供えた物を食べてきた人々がとにかくいたのである。そういうわけで、彼らがキリスト者になったとき、彼らは偶像に供えられた食べ物を直ちに別の事柄として接することができないのである。すなわち「偶像についてのこれまでの習慣上食べる際に、偶像への供えられた肉だということが念頭から離れない」（7節）のは確かである。言い換えれば、彼らはその食べ物が以前の偶像に供えられ、つまり今「偶像」と見なすべき神々に供えられるゆえに、明らかに宗教的な意味を持つ食べ物として映るのである。また彼らがそのような食べ物を食べたとき、「彼らは弱いので罪意識をおぼえる」（7節）。これは字義どおりでは「弱い彼らの良心（あるいは意識）が、汚される」である。この普通ここで「良心」と訳される言葉は、人が自分を弁え自分の諸行為を知り、それを評価・判断できる自分自身の意識を示す言葉である。人はこのように、何事か間違ったことをしたのをある特定の事例で意識し、あるいは感じとるのである。パウロによれば、これは、ある特定のキリスト者が偶像への供え物を食べたときの事例なのである。彼らは確かな「知識」がまだなく、その「良心」は「弱い」。良心が「弱い」とは、彼らが偶像に供えられた物を正しく判断しえず、そうした食べ物は、つまり以前彼らが崇めていた異教の神々に供えられたものであるので、宗教的な意味を持つものと考えることなのである（異教徒のアセナテがユダヤ教に回心した後の行動を参照してほしい。そこでは「アセナテは彼女の豪華な食事、つまり脂の多い肥えた肉、魚と牛肉の切り身、さらにすべての供え物、また神々への献酒のぶどう酒の杯とをつかんで、それらすべてを投げ捨てた」と記されている。『ヨセフとアセナテ』一〇・14）。コリント教会の彼らは、それゆえ、その食べ物を食べるとき、異教の神々を崇める偶像崇拝を、つまり彼らがキリスト者としてなしてはいけないことを犯していると考えるので混乱に陥《おちい》るのである。彼らの良心はそのように「汚される」。すなわち、彼らは倫理面で汚されるのを意識する。「汚されている」、つまり神への罪意識である。彼らは、パウロがローマ人への手紙一四章で、偶像に供えられた物を食べることのむずかしいキリスト者について語っているのとある程度比べられる。パウロはローマ人への手紙の中で、彼らを同じく「弱い」人々、とくに信仰において「弱い」部類の人々として語っている（ロマ一四・1、2、21参照）。彼らもまた「実際は」重要でない食べ物（ロマ一四・14）に特定の重要性を認めるために、その食べ物を食べるときに「疑う」のである（ロマ一四・23）。

パウロが7節で、そのように「弱い良心」を持ち、またいまなお限られた「知識」しか持たないキリスト者たちについて語っているのは明らかである。しかし、この文章では、全く自由に、良心のためらいもなく偶像への供え物を食べるコリントのキリスト者たちに向かって、パウロは語りかけるのである。「弱い」キリスト者たちにとって、このような食べ物を自由に食べることの結果がどうなのか、またこの同信の兄弟姉妹たちについて、つまり他のキリスト者たちに対してどのような責任を持つのかについて、パウロは8―13節において述べてゆく。

パウロはコリントびとに、偶像への供え物を食べたときに、「知識」の不足によって罪意識を抱く「弱い」キリスト者たちがいるのを知らせた（7節）後、8節では食物一般について短くふれる。彼は8節でコリントびとに、彼らが偶像に供えた物であることを知りつつ自由に食べたいと思うものを食べてよいと認めているように見える。使徒はここ8節で、コリントびとがかつてパウロに送った手紙の中で記した事柄について、取り上げているのかも知れない。食物はそれ自体としては価値観にとらわれるものでなく、中立的なものであり、肯定的でも、否定的でもない。食物はこの世に属するもので、地上の朽ちゆくものである。要するに、神学的に考察する対象ではない（六・13参照）。ローマ人への手紙一四章17節の言葉に「神の国は飲食ではなく、聖霊における義と平和と喜びである」とある。

さらに8節の意図は明らかであるにしても、この言い方は注解者たちにとって頭痛の種となっている。まず注解者たちが指摘するのは、ギリシャ語テキストでは、少なくとも最上の諸写本においては、8節aの動詞〔導く〕は未来時制で書かれている。この動詞は普通ここでは普遍的な真理と関わっていると解釈され、またギリシャ語では未来時制で表現されるが、オランダ語では同じ事柄では普通現在時制が用いられる（例、ロマ五・7a「正しい人のために自分の生命をやすやすと引き渡す者は、いない」（字義通りには「正しい人のためにやすやすと死ぬ者はいないであろう」）参照）。明らかにパウロはここで食物についての一般的なこと、つまり「食べなくても損はないし、食べても得にならないもの」と言おうとする。しかし、彼が食物について厳密に語ろうとする事柄はあまり明快ではない。彼の用いた動詞〔導く〕は様々な意味合いがあり、また様々に翻訳されている。公定訳オランダ語聖書の翻訳は「食事はわたしたちを神に喜ばれるものとはしない」と訳している。他の多くの翻訳は「食物はわたしたちを神の近くに導くものではない」と訳している。では、パウロは「食物はわたしたちを神に導くものではない」というこの節で何を言いたかったのであろうか。時にこうした言い方は司法的な意味に解釈される。つまり、食物はわれわれを神の法廷で有利に導くものではない。すなわち、神は食べる物に基づいてわれわれに判決を下すことはない、と。この説明の問題点は、その動詞（導く）が「判決を下す」意味で用いられることは決してないことにある。この動詞はそれ自体では「立つ、置く、裁量を任せる、証明する、説明する、見せる、表現する」などの自由で広い意味の幅がある。どの意味を選ぶべきかは、無論文脈で決まる。パウロはおそらくこの言葉を用いて、神がキリスト者に対して抱く思いにとって食物は決定的なものではないことを強調しようとする。つまり、神が人に対して抱く思いは人の食べるものによって決まるのではない。人の食べるものは、神によって推奨されているわけではない（ラテン語のウルガタ訳「しかし、食物は神によってわたしたちに推奨されているものではない」参照。さらに詩五〇・21、第一クレメンス三五・10）。神の国では、義と平和と喜びとが重要な事柄である！

さらに8節後半の「食べなくても損はないし、食べても得にならない」という言葉も解釈がむずかしい。字義通りにはこれは、「食べなくても損害にならず、食べても豊かにならない」である。ギリシャ語テキストの写本人たちは、何世紀にもわたってこの意味に意図的に合わせてきたが、今ここで翻訳されたものが原本テキストの字義通りの訳といってよいであろう。この8節後半部分のむずかしさは、とりわけ動詞の「損をする」と「得になる」という言葉にある。一般にこれらの動詞は、パウロによって比喩的な意味で用いられていると受け取られてきた。つまり、「損をする」と「得になる」は、たとえば神や天上の栄光の認識のような霊的な事柄に関わることとして受け取られてきた。そのことは新約聖書のほかのテキストの中でしばしば記されている。たとえば、ローマ人への手紙三章23

節に「すべての人は罪を犯したため、神の栄光を受けられなくなっている」、また一五章13節に「望みの神が、信仰から来るあらゆる喜びと平安とを、あなたたちに満たし、聖霊の力によって、あなたたちを、望みにあふれさせてくださるように」（さらにⅠコリ一・7、一四・12、Ⅱコリ八・7、九・8参照）。しかし、先のローマ人への手紙などのテキストにおいては損をする、あるいは得になる事柄が何であるかが常に明白に述べられている。しかし、この（8節後半）のテキストでは、そうした事柄ではない。つまり、何が損するのか、何が得になるのかについては述べられていない。注解者たちは、神から受ける認識や報いや、神の栄光や、その他のあらゆる霊的な事柄でここを埋めて補足解釈する。注解者たちは、パウロはここでたとい食べなくても天上の救いに「損」・「得」となることなど決してないこと、人がたといある食物を食べないときも、「悪い」・「良い」キリスト者になることなど決してないと言いたいのであると考える。また聖書翻訳者たちは、彼らの翻訳において、先の解釈を生かすことを試みる。すなわち、「わたしたちは食べなくても、何の損はしないし、食べても何の得もしない」（NBG訳〔オランダ聖書協会訳〕）、あるいは、「わたしたちは食べないときも何かを失うわけでもないし、食べてもそこから益を得るわけでもない」（Groot Nieuws Bijbel 訳、ヴィリブロルト訳参照）。

　しかし、この比喩的な解釈が正しいかどうかは非常に疑問である。この比喩的な解釈は、8節aの「食物は神の近くに導くものではない」ことについての——間違った——特定の解釈（上記参照）とかかわっている。さらにこの比喩的な解釈は、8節bの「食べなくても損はないし、食べても益にならない」は、8節a（食物は神の近くに導くものではない）の説明、もしくはより詳しい仕上げであると——間違って——解釈している。この最後の解釈は、テキスト自体によって裏付けられていない。たとえば、「なぜなら」のようなつなぎの小詞もないのである。それゆえに、ここで「損をする」、「得になる」という言葉は、比喩的に解釈されるべきでなく、字義通りに解釈されるべきであろう。これらの「得になる」、「損をする」という動詞は豊富（＝食物・衣服・金銭・財産の豊かさ）、あるいは欠乏（＝食物・衣服・金銭・財産の貧しさ）を記述するのに用いられる。新約聖書においても、これらの動詞は何度も用いられていて、たとえばピリピ人への手紙四章12節に「わたしは貧に処する道を知っており、富におる道も知っている。わたしは、飽くことにも飢えることにも、富むことにも、乏しくなることにも、ありとあらゆる境遇に処する秘けつを心得ている」（ルカ一五・14、Ⅱコリ一一・9、ピリ四・18、ヘブ一一・37も参照）。これらの動詞は、このコリント人への第一の手紙八章の文脈では食物を食べることについてふれているのであって、「損となる」と「得になる」という動詞は、ここ8節bではそのままの意味で用いられているのであり、つまり、損と得が何を指すのかの明確な指示なしで語っているのであって、私見ではここで字義通りの意味が優先されるべきである。パウロは8節で、食物は神学的には関連性のない事柄である（8節a）だけでなく、日常生活においても過度に重要視すべきでないことを読者たちに示そうとする。つまり、あなたが食べないときでも、直ちに《ただ》飢えるわけでなく、何か食べたときでも、直ちに豊かに生きるわけでもない（8節b）。換言すれば、食物を食べようが、食べなかろうが、すべての点で小さなことでしかなく、重大なことではないのである。

パウロは、キリスト者たちには偶像に供えられた物を食べることが、いつでもゆるされているという立場に立ったコリントびとのあるグループに向かって、9節からは直接に語りかける。使徒は先の8節で、キリスト者にとって偶像などはありもせず、神学的には食物は重要な事柄ではないことを強調した。食べたいものは何でも食べられると考え、また特定の食物を食べるときに罪悪感を抱く「弱い」キリスト者たちを見下した一部のキリスト者たちを、パウロが正しいと認めはしないかと期待する向きもあるのでなかろうか。しかし実際は全くそうならないのである。その理由は、使徒にとっては「愛」が「知識」に優先するからである(1―3節参照)。隣人、同信のキリスト者への愛は、特定の事例においては、偶像への供え物を食べるのをとにかく断念する「知識」を働かせてキリスト者たちを導かねばならない。なぜなら、使徒が9節で記すように、彼らは食べたいものを食べる自分たちの「権利」、「正しさ」、「自由」が「弱い人々に対するつまずきにならないように」配慮せねばならないからである。彼らは望むことを行ったり、控えたりする力も、自由もあると確かに考えている(六・12参照)が、しかし、この権利、力、自由は、パウロにとっては、明らかに制約がある。つまり、同信のキリスト者たちのため、彼らの益のためという制約がある。彼らが自分の自由によって偶像への供え物を食べるとき、他の「弱い」キリスト者たちはときには「つまずき」、正しい道を踏み外《はず》し、信仰を失って罪を犯すことが起こるのである(7節参照)。このことは未然に防がねばならない（ロマ一四・13、20―21も参照）。

パウロは10―12節において、彼らの自由な振る舞いによって「弱い」キリスト者たちが偶像に供えられた物を食べるときに起こることを、もう一度読者たちの目の前にありありと突きつける。彼は「偶像の宮で」というそうした事例が起こりうる場所を実例に挙げて始める（10節。「偶像の宮（神殿）」はユダヤ教から由来する言葉である。例えばⅢエズラ二・7〔9〕、「ベルと龍」10〔ダニ一四・10〕、Ⅰマカ一〇・88、ヨブの遺訓五・2参照）。この事例は偶像崇拝をする公式祭式の集会ではなく、せいぜい社会的、文化的な種類の会合のことであろう。この会合では人々は――異教徒もキリスト者も――同じ神殿施設の広間で共に会食したのであろう。その際に食べる食物は（一部は）それ以前に「偶像」へ供えられたものであった。いくつかの遺跡発掘によって（コリントにおいても）、当時の諸神殿は普通あらゆる活動のために借用できる様々な食堂（広間）を備えていたことが明らかになった。

使徒が10節と11節で読者たちに二人称単数の「あなた」で語りかけるのは注目すべきである。彼はここで読者たちにできるだけ直接に語りかけたいのである（四・7、七・21、27―28、一四・16―17、一五・36参照）。彼は12節の結びで――二人称複数の「あなたたち」で――同信のキリスト者の「転落」に対して責任を負うキリスト者たちの振る舞いの劇的な結論を引き出す。

パウロはまず読者たちに、「弱い」キリスト者（7節と9節参照）は、「知識」を持つ他のキリスト者が偶像に供えられた物を食べるのを見て、自分も偶像への供え物を食べることになる（10節）のを指摘する。その「弱い」人はそれによって「強められた」と思うことであろう（「強められたと思う」のは字義通りの訳である。意訳すると、「弱い人の良心は他の人によって、偶像への供え物を食べる方向に教育される（建て上げられる）」）。パウロがここで「教育される、建て上げられる」や「強められる」の意味の動詞を用いるのは注目すべきである。パウロは他の箇所でこの言葉を積極的な意味でよく用いている（1節参照）。それゆえ、注解者たちは、かつてコリントびとがパウロに出した手紙からこの言葉をここに持ち越されていると考える。おそらくコリントの「知識」のあるキリスト者たちは、自分たちの振る舞いによって「弱い」同信の仲間をそれこそ信仰上、「建て上げ」てあげたのだという考えを、パウロに出した手紙の中に書いたのであろう。弱い信仰仲間も偶像に捧げられた食べ物を食べるようになったのだと。いずれにしてもパウロはここでこの言葉を皮肉を込めて用いているのは疑いない。すなわち、パウロの考えるように、「弱い」キリスト者たちが自分たちの信念に逆らって特定の食物を食べるときは、信仰の「建て上げ」などとは絶体に言えない。逆に、食べたいものは何でも食べられると考える特定のキリスト者たちの「知識」によって「弱い」キリスト者たちは逆につまずいて失われるのである（11節）。なぜなら、「弱い」キリスト者たちは、とにかく偶像に供えた物を食べるようになり、それによって疑いにおちいり、唯一の真の神への信仰を失い、偶像崇拝に立ち戻り、そのようにして結局救い、平安を取り逃すのである。またこのすべては「知識」を持つキリスト者たちの振る舞いによって引き起こされるのである！

パウロはこれらすべての劇的な事情をもう一度特別に強調するために、この「弱い」キリスト者たちの「ためにキリストが死なれた」（11節、一四・15参照）ことを指摘する。彼ら「弱い」キリスト者たちはイエス・キリストの救いのみ業によって救われていたのであるが（ロマ四・25、五・6、8、八・32、Ⅰコリ一五・3、Ⅱコリ五・15、ガラ二・20、Ⅰテサ五・10参照）、「愛」よりも「知識」の方が重要であるとする同信の人々の振る舞いによって信仰が失われようとしている。使徒が12節で続けるように、それと共にこれらの「知識」を持つキリスト者たちは、「彼らの霊的な弱さをつく」ことによって同信のキリスト者たちに対して誤った振る舞いをしただけでなく、それによって同時にキリストに対しても罪を犯している（「彼らの精神的な弱さをつく」は、字義通りでは「彼らの弱い良心をたたく」）。彼らが同信の仲間に敵対して行った事は、信仰者たちと彼らの主イエス・キリストとの間の緊密な結合からして、実際にはキリストに対して行っているのである（マタ一〇・40、二五・45、マコ九・37、ルカ一〇・16参照）。

パウロは13節で偶像に供えた物を食べることという主題を一旦閉じる。この主題は一〇章で再び取り上げられる。しかし彼はまずコリントの読者たちに彼自身の実例を教える。使徒は13節で、もし自分の振る舞いによって同信の仲間が信仰から転落するおそれがあり、また偶像崇拝に転落するおそれ（「罪に導く」。9節、ロマ一四・13、20―21参照）があるときに自分自身がとる行動をコリントびとらに知らせる。そのような場合には、彼は「断じて食べない」のである！　言い換えれば、同信の仲間の救いがパウロにとって優先するのである。彼は必要ならば食べたいものを食べる彼の自由を放棄するし、他者を転落させうる食物は食べるのを差しひかえる。パウロがここで「肉」を明示するのは注目すべきである。その理由は、肉はそれが売られて食べられる前にほとんど常に神々に供えられたからである。肉は日常的な食物ではなかったのだ。貧しい人々はほとんど肉は食べなかったのだし、金持ちの人々によって家や神殿施設の食堂で、とりわけ特別な機会に、ときに祭りの機会に食された。またもちろん、地域の神々を崇める年毎の大きな祭りのときにも肉は食された。肉はこのように明らかに宗教的な含みを持ち、よりによってその肉を食べることは、「弱い」キリスト者たちに疑念を抱かせ、唯一の真の神への信仰をぐらつかせ、偶像崇拝に転落させる危険を伴うものだったのである。

使徒としてのパウロの権利

九章

1 わたしは自由な者ではないか。わたしは、使徒ではないか。わたしたちの主イエスを見たのではないか。あなたたちが主に結ばれているのはわたしの働きの結果ではないか。
2 わたしは、ほかの人に対しては使徒でないとしても、あなたたちにはいつでも使徒である！ あなたたちが主に結ばれていることは、わたしが使徒であることを確証している。
3 わたしについて判断を下そうとする者たちに対して、わたしは次の弁明を主張できる。

4 わたしたちには、飲み食いをする権利がないのか。
5 わたしたちには、ほかの使徒たちや主の兄弟たちやケパのように、信者である妻を伴侶として連れて旅をする権利がないのか。
6 それとも、わたしとバルナバだけには、労働をせずに生計を立てる権利がないのか。

パウロは先の箇所でコリントの読者たちに偶像に供えた物に関してどのように振る舞うべきかを指摘した。その結びで彼自身の実例を示し、特定の場合にどのように振る舞うべきかを教える（八・13）。彼は自分自身を弁明し（8節参照）、使徒またキリスト者としての彼の態度について詳しく説明する。まず読者たちに自分も「自由な」者であり、「諸権利」を持ち、特別な権利、つまり使徒の権利を持つことを知らせる（1—2節と4—6節）。

1節における四つの修辞的な問いかけの一番目、「わたしは自由な者ではないか」によって、パウロはコリントのキリスト者たちの「権利」、「力」あるいは「自由」と彼自身の「権利」、「自由」との間に関連があるのを明らかにする。パウロは彼らが自由をどのように扱わねばならぬかを教えるために、本章で彼が自分の自由をどのように考えているかを述べる。彼はいつも自分の「諸権利」を用いるわけではないが（八・13参照）、確かに「自由な」者なのである。一方では、使徒は自由の概念を先の諸章で「力」や「権利」という言葉を用いて述べたが（八・9、六・12参照）、ここではまず

「自由」という言葉そのものに注意を向ける。この自由という言葉とその概念はヘレニズム文化において全般的に大きな役割を果たした。ヘレニズム文化では確かに語るためにも、行うためにも、意志のままに生活するためにも「自由」を望み、内的に「自由」である賢人、かつ善人である理想が大事にされた。コリントびとも疑いなくこの自由の概念を知っており、ある種のキリスト者たちは、キリスト教によってこのヘレニズムの自由の理想を達成すべきであると考えたであろう。それはとにかく、パウロの思惟においても、自由の概念は重要な役割を果たしている。パウロもキリスト者たちは「自由な」人々であると考えている。つまり、キリスト者たちは、世人の見解・習慣・諸制度・諸法に――ユダヤ教の法も含めて――支配されず、ひたすら神の意志、神の律法に従ってどのように望み、生きねばならないかを自分で決めうる人々なのである（ロマ八・2、Ⅰコリ九・1、19、一〇・29、Ⅱコリ三・17、ガラ二・4、四・22―31、五・1、13）。

パウロは八章において読者たちにキリスト者たちの自由には制限があること、それが同信の仲間とその人々の益であることを明確にしようとした。使徒は八章の最後の節の結びでコリントびとに向かって、同信の仲間が信仰から転落するような時には特定の食物を食べる自分の自由を断念するのだと語っている。彼は一〇章で偶像に供えた物を食べることの主題を取り上げる前に、まず九章において、あるコリント教会の人々にとっては彼のびっくりさせかねない態度を詳しく説明しようとする。彼はいくつかの実例に基づいて彼自身の自由をどう扱っているかをつまびらかにする。パウロは自分がキリスト者各自とひとしく持つ自由について議論する方法によっては自分の姿勢を説明せず、彼が使徒として持つ特別な自由と権利に基づいて説明する。彼は、「わたしたちの主イエスを見た」（1節c）ために、またコリント教会の成立は使徒パウロ、つまり彼の伝道の働きのお蔭であるためにこそ「使徒」なのである（1節dの「あなたたちが主に結ばれているのは、わたしの働きの実ではないか」は、字義通りには「あなたたちが主にあるのは、わたしの働きではないのか」）。その際「主にある」という言葉はコリントびととイエス・キリストとの間の内的な関係を意味する。四・17、七・22、39参照）。

自分が使徒である事実を明らかにするために、彼はここで二つの論拠を示すが、彼が死と復活のイエス・キリストを「見た」ことを指示する。彼はこの手紙の別の箇所で、キリストは——天から——彼に「現れた」と語り（一五・8）、ガラテヤ人への手紙一章15—16節で「神は……御子をわたし（＝パウロ）に啓示するのを決意された」と記す。そこで何が起こったかについて、われわれは正確に知らない。もしかすると、パウロは幻で、あるいは夢でイエスを「見た」のかもしれない（Ⅰ巻の序論も参照）。しかし、パウロが自分の使徒としての働きをイエスとのこの「出会い」の延長線上で見ていることは明らかである（Ⅰコリ一五・8—10、ガラ一・15—16参照）。パウロの使徒職は、パウロが神から受けた委任にさかのぼるものであるとの確信に加えて、彼の派遣の務めの成果、つまりキリスト教会を建てたという事実が彼の使徒職を証明すると確信する（1節d）。

もちろん、すべてのキリスト教会がその建設をパウロに負っているわけではないので、パウロは「誰に対しても使徒であるわけではないとしても」と語るのである（2節a。字義通りには「またわたしはほかの人に対しては使徒でない」)。パウロはこの1節で、彼を使徒として認めない人々、「ほかの人々」が至る所におり、また他の使徒たちの宣教によってキリスト者になった人々がいること、つまり彼はもちろん彼らの使徒ではないことを、ここでおそらく皮肉で辛辣《しんらつ》な仕方で語ろうとしているわけではないであろう。しかし彼は「どんな場合にも」コリントびとの使徒なのである。彼らのキリスト者としての存立、つまり彼らが「主に結ばれている」(字義通りには「主にある」)。1節d参照)のはひたすら彼に負っていることが彼の使徒職を確証する(2節b—c)。パウロはさらに他の箇所で、彼がコリント教会の設立者であり、他の誰でもないことを隠さない。その例として、コリント人への第一の手紙三章6節、10節、四章15節、九章21節、コリント人への第二の手紙三章1—3節を参照されたい。このことはコリントびとにパウロとの関係において負い目となっており、そのパウロととりわけ今関わっているのだが、そこでパウロは自分の使徒であることをコリントの読者たちに納得させようとするのである。

パウロはコリント教会に彼の使徒職を批判する人々がいることをよく自覚している。この手紙の他の章節を見れば、彼がコリント教会を去った後にある人たちがコリント教会を訪ねてきて、ここで宣教活動をしたことがわかる(三・10、四・15参照)。彼ら伝道者たちは、コリント教会の若干のキリスト者たちに深い印象を刻みつけた。そのことでとりわけ、教会内に分派が生まれた(例、一・12参照)。おそらく彼らはまたパウロの福音宣教のあり方を批判したのであろう。つまり、パウロは言葉や知恵によって目立つところのない貧弱な人物と受け取られた。そのうえ、パウロはキリスト教会共同体の「推薦状」（Ⅱコリ三・1）を得ておらず、自分の手で働いて日常生活に必要なものを工面し、「正規の」福音説教者のように教会から養いを受けなかった。コリント人への第二の手紙を見ると、コリントに外から「派遣された」福音説教者たちがパウロの後にやって来たことがわかり、また彼らは自分たちの福音説教職を与えられ、さらにパウロに対してかなり批判を抱いていたこともわかる（Ⅱコリ一〇章―一二章参照）。とにかくコリント人への第一の手紙一―四章におけるパウロのながい弁明が示すように、コリントの幾人かのキリスト者たちはこの種の論議に対して明らかに敏感であった。とにかくそのことが、パウロが九章1―2節において、自分は使徒であると強調する理由であるように見える。つまり、かつてコリントでパウロがその使徒職でもって振る舞ったことに批判を抱く人々が――他の教会から来た福音説教者や他の人々、さらに確かに若干のコリントのキリスト者たち自身さえ――いるのをパウロは充分知っている。パウロは、これらの人々に対して、つまり、使徒としての彼への「批判者たち」に対して新たに弁明せねばならないと考える（3節。特に四・1―5参照）。さらに本章の後半の部分で述べられる内容は、自分の使徒職のありようをパウロの側から弁明したものである。同時にこの箇所は別の目的をも果そうとしている。つまり、コリントの読者たちに、パウロが自分の自由を他者との関係と他者の救いのために用いる仕方を知らせようとしている。

パウロは4―6節において、「使徒」のいくつかの「権利」を列挙する。そこで中心になっているのは、使徒として身を置き仕えているキリスト教会から生活支援を受ける権利である。パウロも、彼の親密な同労者たちも当然こうした諸権利を持っていて、これを彼は読者たちに指示するのだが、このために三つの修辞的な問いかけを用いる。まず、（使徒たちは）みな、「飲み食いする権利がある」（4節）。ここで飲み食いする権利というのは、八章における事例のように、望むものはなんでも飲み食いできるキリスト者たちの誰にもある自由のことではなく、彼らが仕えているキリスト教会から日常生活に必要なものの支給をうける使徒の権利のことである。巡回説教者として、彼らが仕える教会から飲食に関して支援を受けることがゆるされている（ルカ一〇・7—8の「それで、その同じ家に留まって、家の人が出してくれるものを飲み食いしなさい。働き人がその報いを得るのは当然である……どの町へはいっても、人々があなたたちを迎えてくれるなら、前に出されるものを食べなさい」。マタ一〇・10、さらに、Iテモ五・17—18、ディダケー一一—一三、偽クレメンス *Homilieën*（説教）三、七一参照）。

二番目に、彼や彼の同労者たちは、使徒として「信者である女性を伴侶として連れて旅をする権利」がある（5節b）。このことは無論巡回説教者たちにとって、また家から遠くに出かける使徒パウロ自身にとっても心地よいことであっただけでなく、キリスト教会側もその妻の生活の費用の負担も配慮せねばならぬことを意味した。

パウロはここでこのように巡回の使徒として、結婚している場合は（信者の）妻を連れて旅をする権利を主張する。パウロが彼の伝道旅行で妻を連れていないこと、つまりパウロが独身であり（七・8参照）、それゆえ彼の伝道旅行で妻が同行しないのを奇妙に思った人びとがコリントにおそらくいたのであろう。結婚していた他の福音説教者たちは、明らかにそうしていた。また巡回哲学者たちの中には、その旅行に夫の思想に共鳴した同志的な妻を同伴していたことがとにかく知られていた（例として、犬儒派の哲学者クラテスがいる。この人は、ディオゲネス・ラエルティオスの *Vitae philosophorum*（哲学者たちの生涯）六、九七の中で記されている）。パウロはとにかく、「ほかの使徒たちや主の兄弟たちやケパのように」（5節a）という言葉で様々なグループの福音説教者たちについて、あたかも「主の兄弟たちやケパ」などは「使徒たち」ではないかのように言おうとするわけでなく、福音宣教に携わるすべての名の知られた人々の名をとにかくここで挙げているにすぎない。パウロにとっては、「使徒」とは幅広い概念であり、別に「十二使徒たち」と彼自身とに限定するものでない（例えばロマ一六・7、Ⅰコリ一二・28―29、一五・7、9、Ⅱコリ一一・5、13、一二・11参照）。「主の兄弟たち」とは、ヨセフとマリヤの息子たちであり、パウロはヤコブをとりわけ考えていたてであろう。ヤコブは、ケパ（＝ペテロ、一・12参照）と共にしばらくの間エルサレム教会の指導者たであった（ガラ一・19、マコ三・31、六・3、マタ一二・46、一三・55、ルカ八・19、ヨハ二・13、七・3、5、10、使一・14参照）。

パウロは最後に、使徒たちが持つ三番目の権利として「自分の生計を立てるのに働く必要がない」権利を挙げる（6節）。またも使徒の権利だが、本来この権利は、使徒として働いている教会の肢に、自分自身（と同じくその伴侶）の生計を立てさせる使徒たちの権利にほかならない。使徒たちは何らかの「労働」によって生計を立てる必要はない。それにもかかわらず、パウロ自身は彼が伝道のためにやって来た至る所で自分の手で働き、彼自身の生計を自分で立てた（四・12、Ⅱテサ三・8参照。使一八・3によれば、パウロの職業はテント作りであった）。しかし彼はこのようにしながらも、福音説教者は、それゆえバルナバと彼自身とは、他の人たちに生計を立ててもらう権利があるという意識を保っているのである。

彼がここでバルナバの名を挙げているのは注目すべきである。ガラテヤ人への手紙からわかるように、二人ともかつて一時期はアンテオケの教会で指導者であったし、神学的な面でも一致していたが、最終的には異邦人キリスト者に対するユダヤ教の戒律の役割については両人の間に隔《へだ》たりが生まれてしまった（Ⅰ巻序論も参照）。パウロにとって疑いなくバルナバはかつては信頼してきた人物であったし、多くの点でバルナバは模範でさえあったであろう。パウロがバルナバの名をコリント人への第一の手紙のここで挙げる事実から、バルナバも彼自身の生計を自ら働いて立てた福音説教者であり、パウロもバルナバに対して常に親密な思いを抱いているのは、明らかである（特に四・36、九・27、一一・22、30、一二・25、一三章—一五章参照）。

「福音によって生活する」使徒たちの権利

九章

7いったい、自分で費用を出して軍隊に加わる者があろうか。ぶどう畑を作っていて、その実を食
べない者があろうか。また、羊の群を飼っていて、その乳を飲まない者があろうか。
8わたしがここで言うことは、人々の間では全く普通のことではなかろうか。法においても、そう
いうことが定められていないだろうか。
9モーセの律法に、「あなたたちは穀物をこなしている牛に、くつこをかけてはならない」と書い
てある。神は、ここで牛たちのことを心にかけておられるだろうか。
10それとも、律法はもっぱら、わたしたちのために語っているのだろうか。もちろん、わたしたち
のためにしるされたのである。すなわち、耕す者は望みをもって耕し、穀物をこなす者は、その
分け前をもらう望みでこなすのである。
11もしわたしたちが、あなたたちのために霊のものをまいたのなら、地上のものをあなたたちから
刈りとろうと思うのは、もとめ過ぎだろうか。
12もしほかの人々に、あなたたちの支えを受ける権利があるとすれば、わたしたちにはなおさらそ

の権利があるのではないか。しかしわたしたちだけは、これを用いず、かえって何ごともキリストの福音の妨げにならないようにと、すべてのことを忍んでいる。
13 あなたたちは、神殿で仕えている人たちは神殿がくれる物を食べ、祭司職にたずさわっている人たちは祭壇に供えられた物の分配を受けることを知らないのか。
14 それと同様に、主は、福音を宣べ伝えている者たちが福音によって生活できるよう、命じられたのである。

パウロはこれらの諸節で、福音説教者として働く彼らが、キリスト教会の肢に生計を立てさせる使徒たちの権利について広範に述べ始める。おそらくコリントにおいてこの権利に異議を唱える人は誰もいなかったであろうし、またパウロもこの諸節で彼の読者たちに、使徒たちには――彼と彼の親密な同労者たちを含めて――この権利があると彼自身も考えていることを知らせようとするばかりである。彼はどの事例においても、この権利に対する多くの根拠を挙げる。日常生活から（7節）、神殿における祭司のつとめから（13節）、一般の法とモーセの律法の記述からの裏付け（8―11節）、さらに最後に主御自身の「言葉」からの裏付けである（14節）。パウロは、（12節後半）の「中間節」で、読者たちに、なぜ彼自身がこの権利を用いてこなかったかの理由を今こそ知らせる。彼はこのことでの自分の立場を15―18節でさらに詳しく説明しようと思っているのである。

パウロは、自分の仕える教会にて生計を立てさせる権利が使徒たちにあることを受け入れさせるため、まず日常生活の中から同じような三つの事例を指示する（7節）。「自分で費用を出して」軍務にたずさわる（職業）軍人、つまり自分の飲み食いを自分自身で用意する兵士はいない（7節a、Ⅱテモ二・4の「兵役に服している者は、日常生活の事に煩わされていない」参照）。大抵のオランダ語の翻訳で見られる「自分の給料を支払っている」という訳は正しいとは言えない。パピルス諸テキストや他の諸テキストから明らかなように、先に「給料」と訳されたギリシャ語は、通常の「給料」、つまりなされた仕事への報いの金銭のことではなく、まず「食糧」、つまり「生活維持に必要な一切」の現物支給を意味する（ルカ三・14、ロマ六・23、特にⅡコリ一一・8参照）。パウロはこの実例で、兵士は自分の手で生活の必要（＝食べ、飲み、着るものなど）をみたしはしない。当然彼の軍司令官によって生活の配慮がなされると言いたいのである。

　パウロが挙げる第二の実例はぶどう畑を耕作する人の例である。彼にはぶどう畑のもたらす実を食べる権利が当然ある。これは自明のことであった。その例は申命記二〇章6節で、ぶどう畑を作って、その実りをまだ食べていない者があれば、誰でもその人は家に帰らせねばならない。そうしなければ彼が戦いに死んだとき、ほかの人がそのぶどうの実を食べることになるであろう、と記されている。あるいは箴言二七章18節には「いちじくの木を守る者はその実を食べる……」とあり、テモテへの第二の手紙二章6節では「労苦をする農夫がだれよりも先に生産物にあずかるべきである」と記されている。

　さらに第三の実例は、同じ主題を変えて述べたものである。「羊の群」（小型の家畜、つまり羊たち。

例として、ルカ二二・8参照）を飼う者は「羊の乳」を飲む権利がある。
　この三つの実例は、福音宣教の奉仕についている使徒たちも教会に生計を立てさせる権利があることを明らかにする。それらは、日常生活からの類比、つまり「人々の間で」普通に見られる慣習である（8a。字義通りには「わたしは人間の考えでこう言うのだろうか」。この「人間の考えで」という表現は、われわれ人間に責任がある社会あるいは文化の水準《レベル》で、という意味である。ガラ三・15の「世のならわしを例にとって言おう」参照）。

　次いでパウロは、使徒たちの権利を支持するうえで、人間の考え、ならわしよりも高い権威があるのを読者たちに知らせる。それを擁護する法もある（8節b）。パウロは8節の「法」でもってすでにモーセの律法、旧約聖書を指していると、続く諸説に基づいて、通常考えられている。ところが、この解釈が正しいかどうかは疑わしい。注目すべきことは、パウロが（8節で）何ら詳しい指示もせずに、まず「法」を指示し、その後——特定的に——9節で「モーセの律法」を指示していることである。もし彼が二つの節（8節、9節）においてモーセの律法を指示したのなら、その順番は「モーセの律法……その法」となるのが当然である。パウロは8節で、一般の「法」、つまりあらゆる文化と共同生活において有効である諸法を示そうとし、その後に9節で特別な律法、つまりユダヤ人にとって妥当する律法を実例として示そうとしたのは明らかである。パウロにも、同時代の人々にも、明確な諸法があった。それらの諸法は、長い歴史を誇り、有名な法の授与者にさかのぼる特別な諸法で大いなる権威を有した。これらは例えばモーセの律法、つまりユダヤ民族の律法、さらにアテネのソロン、スパルタのリュクルゴス、ローマのヌーマ、そしてその他の人たちの作成した法や他の多くの名声ある諸法のことでもあった。そのうえこれらの立法者たちはさらに神的な霊感を受けた人々として考えられ、彼らの諸法律は神的存在との密接な連絡のうちに作られた（例としてプルタルコス *Numa*（ヌーマ）四、七〔列伝六二D〕、*Lycurgus*（リュクルゴス）五、三〔*Vitae* 四二B〕、*Moralia*（倫理論集）七八〇E、ストラボン *Geographia*（地理学）一〇、四、一九、同上一六、二、三五―三九、アイリオス・アリスティデス *Oratio*（演説）二、三八―三九、ディオドーロス・シケロス一、九四、同一―二、キケロ *Tusculanae Disputationes*（トゥスクルム荘対談集）二、三四参照）。

パウロは9節で法規定の一つの実例を示す。この法規定こそは、「法」も人間の習慣よりも高い「権威者」によって霊感を与えられた「機関」として、その権威と同じ命令をするのを明らかにしているのではないか。パウロがそのために選ぶ法規定は、「モーセの律法」からのもの、つまりユダヤ人としての彼がおよそ最善としている法である。「モーセの律法」という表現はとにかくパウロの手紙の中では独自である。この表現は、モーセをイスラエルの民の偉大な「律法授与者」と見ていたユダヤ教の伝統からのものである（例として、ヨシュ八・31―32〔九・2〕、代下二三・18、マラ四・4〔三・22〕、第三エズラ書八・3、トビト書六・13、七・13、ヨセフス *Antiquitates Judaicae*（ユダヤ古代誌）、一、一八、フィロン *Legum allegoriae*（寓喩的解釈）三、一四五、ルカ二・22、二四・44、ヨハ七・23、使一三・39、一五・15、二八・23、ヘブ一〇・28、ディオドーロス・シケロス四〇、三、六参照）。

パウロがここで挙げた規定は、申命記二四章4節からのかなり文字通りの引用である。「あなたたちは穀物をこなしている牛にくつこをかけてはならない」（Ⅰテモ五・18も参照）。さらに次の文中で使徒はこの律法本文を詳しく解釈する。彼は、この戒めをその律法の中に記させるためにモーセに霊感を注いだ神は、「牛たちのことを心にかけておられる」からそう記させたのではないことにまず注意を向ける。パウロはこの9節で、神は家畜（牛たち）を全然心にかけていないと言おうとするのではない（例として、出二〇・10、二三・12、詩一〇四・14、21、27、マタ六・26参照）。使徒は読者たちに、神はこの戒めをここでもっぱら、あるいは第一に牛たちに向けているのではなく、他のより重要な事柄を教えようとされていると語るのである。パウロによれば、この戒めの深い意味は10節aから明らかである。律法（あるいは、神、主語はギリシャ語では記されていない）は、これを「本来わたしたちのためにしるされたのである」、つまり、われわれ人間のためにしるされたのである。

パウロは、申命記のその規定は牛たちのことよりも本来「わたしたちのために（そういうことは、わたしたち人間のために）しるされているのであると説明した後、10節でキリストについて自分の説明を続ける（この「わたしたちのためにしるされた」という表現では一〇・11、ロマ四・23―24、一五・4参照）。この句節では「耕す者は望みをもって耕し、穀物をこなす者は、その分け前をもらう望みをもってこなすのである」、つまり、耕す者は期待を持って耕せばよい。こなす者たちも期待を持ってこなせばよい。つまり、生産物の分配が受けられるのである。ということは、耕しこなす人間たちは、モーセの律法に従って、その生産物から生産物の分配を受け、然るべき時に利益を引き出すことがゆるされるのである。人々の間で「慣習」である事がそのまま（7—8節）、「法」においては事実上規定されているのである（9—10節）。

パウロは次に11節で、この人間の習慣とこの神の律法とを福音の宣教者たち、特に彼自身と彼の親密な同労者たちに適用する。彼ら福音宣教者たちこそはコリントびとのもとで「霊的なものを播いていった」人々、つまりコリントで福音を宣教し、この地のキリスト者たちが救いにあずかるために配慮しておいた人々である。彼ら福音宣教者たちが「播いた」ので、彼らはすぐ前のたとえに基づいて言えば、彼らも（受ける）ことができ、また「地上のもの」（字義通りには「肉のもの」）、つまりコリントのキリスト者たちに生計を立てさせることがゆるされる。ここで用いられた「霊のもの」—「地上のもの」という見事な対比については、ローマ人への手紙一五章27節の「ユダヤ人たちが異邦人たちに霊のもの（ユダヤ人たちにふさわしい救い）にあずからせたとすれば、異邦人側としてもユダヤ人たちに地上のものによって仕える（物的に支援する）のは、当然だからである」を参照されたい。

パウロは12節ａにおいて、彼と彼の親密な同労者たちがコリントのキリスト者たちに生計を立ててもらう権利についての特別の論議を続ける。つまり「ほかの人々」は、コリントの人たちについて権利がある（字義通りには、「あなたたちへの権利」、つまり、あなたたちの支援に対する）を用いるが、他方彼らほかの人々は、パウロと彼の同労者たちがそこで実際に播いたのに対して、まだ一度も「播いた」わけでない。パウロが「ほかの人々」と言うのは、おそらく彼の後にコリントで働いた福音説教者たちのことを言っているのであろう（3節参照）。これらほかの人々は、コリント滞在中そこのキリスト者たちの支援を受けて生計を立てたのは明らかである。ところでパウロが判断するように、その生計を立てる権利を持つこれら福音説教者たちよりも、コリントに最初に福音を宣教した彼と彼の親密な同労者たちの方が「なお多くその権利を持つ」のである。

パウロと彼の親密な同労者たちは、先述の理由によって、コリントびとらによって生計を立てるこの世におけるすべての権利を持っているにもかかわらず、当時彼らはコリントでその権利を用いなかった（12節）。パウロは15—18節において、彼の態度を詳しく説明する。彼は、自分と彼の親密な同労者たちは「かえってキリストの福音の妨げにならないようにと、すべてのことを忍ぶ」方を選んだのを読者たちにすでに12節で知らせたことを簡潔に要約する。パウロは自身の生計を労働することで支え、そこの教会によって生計を立てないのである。彼は誰にも「負担をかけず」福音を「無代価で」、「ただで」宣教する（Ⅱコリ一一・7—9、一二・13、Ⅰテサ二・9、使二〇・34、Ⅱテサ三・7—9参照）。楽な仕方で生計を立てる代わりに、彼はむしろ「すべて」を「忍び」、重労働をし、屈辱と侮辱を受け、僅かのもので満足し、あらゆるみじめさを経験する（四・6—13参照）。彼は「すべての人の足ふきである」（四・13）が、彼の（潜在的な）同信者たちへの愛からそうしているのである。愛は全くすべてを「忍ぶ」（一三・7）。これらすべてに際して唯一彼の念頭にあるのは「キリストの福音の妨げにならないため」である。換言すれば、彼は福音の伝播が何らかの仕方で妨げられないように願う。あるいは――積極的な言い方をすれば――福音のために一人でも多くの人々を獲得するためになんでもするのである。その際、彼はコリントで使徒としてその権利を持つけれども、彼の見解によれば他の人によって彼自身の生計を立てるのはふさわしいことではないのである。

パウロは13節と14節で最後にもう一度、使徒たちにはキリスト教会の肢々によって生計を立てる権利があることについて二つの論議を続ける。彼はコリントびとも「神殿で仕える」祭司たち、「祭司職にたずさわる人々」は、「神殿がくれる物を食べる」こと、「祭壇の供え物の分配を受ける」(13節)のをもちろん知っている(「あなたたちは知らないのか」。三・16参照)ことをまず認める。ユダヤ教でも、異教徒の間でも、祭司たちは供えられた食べ物を食べるのがならわしであった(例、民一八章、ヘブ一三・10参照)。パウロがここで「祭壇」に対して用いるギリシャ語は典型的なユダヤ教の(また初代キリスト教の)言葉である。その語はエルサレム神殿の祭壇を指す(「神殿」‐「祭壇」の組み合わせや、またエルサレム神殿への指示については、エゼ四五・19、Ⅱマカ一・18、フィロン*De confusione linguarum*(諸国語の混乱)一六〇を参照)。しかし、パウロはここで単にユダヤ教における習慣を考えているだけでなく、読者たちにギリシャ‐ローマ世界全体で普通に行われていた規則を説明しようとしているように見える。またコリントびとたちはその出身が異邦人であったのでその習慣も了解していたことであろう。つまり神殿に仕えるすべての人々は祭壇にささげられた食物を食べることがゆるされる。

パウロは使徒たちが生計の支援を受ける権利についての最後の論議として、主イエス・キリスト御自身が語ってくださった事を指し示す。「主は、福音を宣べ伝えている者たちが福音によって生活できるよう、命じられた」(14節)。使徒はここで初代キリスト教内のイエスについての伝承において広まった、生前のイエスの言葉を伝える(七・10、一一・23―25参照)。この伝承の言葉は諸福音書の中にも、つまりルカによる福音書一〇章7節(「働き人がその報いを得るのは当然である」)やマタイによる福音書一〇章10節(Ｉコリ九・4参照)にも見出される。巡回の福音説教者たちが、身を置いているキリスト者の群によって生活を立てる権利についてのイエスの言葉が初代キリスト教会内でゆきわたっていたのは明らかである。パウロもこの主の言葉を知っており、彼の論述を強調するために主の言葉を感謝して用いるのである。

パウロは自分の権利を用いない

九章

15 しかしわたしとしてはこれらの権利を一つも利用しなかった。また自分にある権利をこれからは認めてもらいたいから、これを書いているのではない。そうされるよりは、わたしにとって死ぬ方がましである。いや、この誇りは、誰にも奪い去らせはしない！
16
わたしが福音を宣べ伝える事実は、わたしにとって誇りの理由にはならない。なぜなら、それはわたしに委託されているので、わたしはそれをせずにはおれないからである。もし福音を宣べ伝えないなら、わたしはわざわいである。
17
わたしは心からそれをし、報酬を受ける。しかし、心ならずするとしても、なおそれはわたしに課せられた務めなのである。
18
では、わたしの報酬はなんであるか、福音を宣べ伝えるのにそれを無代価で提供し、わたしが宣教者として持っている権利を使わないことである。

パウロは、福音宣教者たちがキリスト教会の肢々によって生計を立てる権利について論じた後で、読者たちに彼自身は他の多くの伝道者たちと反対にこの権利を用いないのを知らせる（12節b参照）。彼が福音のために尽力して受ける報酬はまさに彼が福音を無代価で提供することにある（17―18節）。また彼はそのことを誇りにしている（15―16節）。

パウロは12節bの後で、身を置いているキリスト教会の群々によって自分の生計を立てる使徒たちの権利を自分は用いないことを、15節aで強調する。彼はさらにこの点を変更してもらいたいので書いているのではないと続ける（15節b）。それは、彼自身がかつて選びとったことであり、また今も選びとっていることなのであって、この願いをやめるくらいなら「わたしにとって死ぬ方がましである」と語る。パウロには疑いもなく「わたしの宣教の場合には自分で生計を立て、それによって何かが福音の妨げにならないようにするのだ」（12節結び参照）という思いがある。彼は支援を受けずに自分の生計を立てることをこそ誇りにし、何人にもこの「誇り」を奪い去られはしないと、読者たちに知らせる（15節結び）。

「誇る」は、パウロの手紙の中でしばしば見られる言葉である。使徒はその言葉を大抵否定的な意味で用いる。すなわち、人間や自分自身を「誇」ってはならない（一・29、三・21参照）。しかしパウロはまたその「誇る」という言葉を肯定的な意味でも用いる。すなわち、神を誇る（ロマ五・11）、「主」を誇る（Ⅰコリ一・31）、「わたしたちの主イエス・キリストの十字架を誇る」（ガラ六・14）、「わたしたちの弱さを誇る」（Ⅱコリ一一・30、一二・9）、「わたしたちの患難を誇る」（ロマ五・3）などである。つまり、人間を超えたこと、神の事への誇り、あるいは「この世」において、「人々」によってそれこそ尊敬されていない人物や事柄への誇りのことである。パウロにおけるこの「価値の転換」は非常に注目すべきである。パウロの見解では、人の所有する富・権力・名誉・賢さ・特定の特権などはもはや誇りでなく、また誇る対象になりえず、またそれらを誇ってはならない。神とイエス・キリストへの誇り、さらにこの世においてまさに軽んじられる一切を主のために担うことへの誇りとがゆるされている。15—16節における誇りについてのパウロの見解はとにかくこの光のもとで理解されねばならない。パウロの「誇り」また自負は、福音を無代価で宣教することであるが、その誇りは大抵の人々や明らかに若干のコリントびとたちにとって不可解で愚かしくさえ思えるところのものである。彼らは、パウロが彼の宣教によって生計を立てることができないのは明らかなので、生活のために自分の手で働かざるをえないのだという考えから出発する。当時の多くの人々によれば、講義や授業によって生活できない説教者や教師は実力のない講演者、講義者と見られた。つまり「まともな」説教者・教師は裕福な人々のもとで尊敬された客人として歓迎され、どんなときにも自分の生計を立てられる人々なのである。しかし、パウロはそれらすべてを全く別様に考える。彼は自分の手で働いて生計を立て、必要ならば窮乏の生活をするのを選びとると前にも語っている（四・9—13参照）。さらに彼はこの点の変更、つまり「この誇り」が彼から取り去られる変更さえも考えていない（15節結び。Ⅱコリ一一・10参照）。

パウロは16節において、福音を宣べ伝えても、彼にとって「それは誇りにならない」という単純な事実を読者たちに知らせる。彼は神の御心によって彼に「委託された」事柄、つまり彼が遂行せねば「ならない」事柄については何も誇れない（「わたしに委託された」は、字義通りでは「わたしに義務があるので」。ホロメス *Ilias*（イリアス）六、四五八、*De Sibyllijnse Orakels*（シビュラの託宣）三、五七二、同上四、三五七参照）。また彼が「福音を宣教しない」ときには、神の判決が彼に下るであろう（字義通りには「わざわいである」。ホセ九・12、マタ一一・21、一八・7、二三・13—16、23、二六・24参照）。パウロの手紙の別の箇所で、彼は自分の使徒職は神によって彼に委託されていることと、神によって福音宣教のために「召され」ていることを読者たちに知らせている（一五・8—10、ロマ一・5、ガラ一・15―16、Ⅰテサ二・4参照)。その召しは、彼以前の旧約聖書の預言者たちがその使信を宣教すべく、彼らがそれを欲するか否かに関わりなく、神によって命じられたのと同じである(例えばエレ一・4―10、二〇・7―9、アモ三・8、七・14―15、ヨナ書も参照)。

17節は、多くの注解者たちの頭痛の種であった。字義通りには「なぜなら、同意してそれをすれば、報酬を受けるであろう。しかし、同意しないとしても、それはわたしにゆだねられた務めなのである」となる。この文章の問題は、パウロが今「同意して」(17節a)福音を宣教しているのか、それとも「同意せず」に(17節b)福音を宣教しているのか、ただちに明らかでない点にある。しばしば17節b(「しかし、心ならずするにしても、それはわたしに課せられた務めなのである」)は、現実《レアリス》として解釈されてきた。すなわち、パウロは事実上は「心ならず」に、福音の宣教をした、つまり「いやいや」(オランダ国定聖書訳)、「自分から進んでではなく」(NBG一九五一年訳とヴィリブロルト訳)、「彼自身の選択でなく」(Groot Nieuws Bijbel 訳)福音の宣教をしたと訳している。またこれら注解者たちの考えでは、パウロがそれを「自分から進んでなしたのでない」理由は、彼がそれをする義務を負っており(16節)、またその務めは彼にとにかく委託され続けたゆえである(17節)とする。さらにその注解者たちの考えでは、パウロが「進んで」(オランダ国定聖書訳とNBG一九五一年訳)、「自分から進んで」(ヴィリブロルト訳)、「自由意志で」(Groot Nieuws Bijbel 訳)宣教するなら、彼は報酬を受けるであろう(17節aは非現実と解釈される)が、しかし自分で生計を立てたのだから報酬は受け取らなかった、と解釈する。

こうした解釈はやはり大きな困難に直面する。まず18節において最初に自分はまさに報酬を受けているとパウロ自身は語っている。これは17節bは実際の現実を表現しているのではなく、17節aの方が実際の現実を表現していることを示している。つまり、パウロは福音を紛れもなく「進んで」宣教するのである。まさに彼は「進んで」福音を宣教するゆえに、彼は報酬を受け取っている。パウロはこの報酬の意味することを続く18節で明らかにする（以下参照）。次に、17節bにおける「心ならずするとしても」という表現は、パウロが福音を宣教「せねばならない」（16節）という事実を退けるものではない。ゆえにパウロは明らかに別のことを論及していることになる。彼は16節において、使徒職は神から彼に課されたものであり、彼に委託されたのであると論じる。それゆえ、当然二つの可能性がある。すなわち、彼はその務めを「心ならずしている」（17節b）のか、それともその務めを「心から進んでし」、またそれを全く支持しているのか（17節a）の二つの可能性である。パウロにとっては後者が正しいのである。すなわち、彼は命令を確かに神から受領し、それゆえ福音を宣教するのは彼の義務であるが、彼はその務めを「全面的に服従して」・「同意して」・「喜んで」・「心から進んで」なすのである（それゆえここで「自由意志で」や「自分から進んで」といった先のNBGなどの翻訳は多少人を惑わせる翻訳なのである）。パウロは仮に進んで福音宣教しないとしても、その務めから解任されないであろう（「その務めは彼にゆだねられ続ける」17節b。「務め」は、もちろん福音宣教を意味する。四・1、コロ一・25、エペ三・2、ガラ二・7、Ⅰテサ二・4、Ⅰテモ一・11、テト一・3参照）。しかし、彼はこの務めを喜んでなし、それゆえ彼は「報酬」を受けている（17節a）。

本当に賢い、「自由」な（1節参照）人間として、彼は神に服従し、神の命令を喜んで（進んで）実行する（エピクテートス *Dissertationes*（語録）四、三、九の「なぜなら、わたしは自由であり、神の友であり、それゆえにわたしは神に喜んで従うのである」。セネカ *Epistulae Morales*（道徳書簡集）五四、七、*De providentia*（摂理について）五、六参照）。

パウロは、神が彼にゆだねた福音宣教の務めを喜んで果《は》たすゆえに、「報酬」を得ている（17節a）。しかしこの報酬は彼が豪華な支払いを受けることではなく、また教会の肢々によって生計を立てることでもなく、まさに彼が福音を「無代価で」提供し、福音宣教者としての彼の権利を用いないことにある（18節。さらに、Ⅱコリ一一・7の「それとも、あなたたちを高めるために自分を低くして、神の福音を価なしにあなたたちに伝えたことが、罪になるのだろうか」参照）。この言葉はもちろん逆説的に聞こえる。しかしパウロは再び特定の価値を語っている（15節参照）。すなわち「この世」において、また「人々」のもとで愚かしく見られるもの、つまり無代価でなす事柄が、パウロにとってまさに「報酬」と見なされている。彼は神から命令を受け、それを「心から進んで」実行するが、彼はそのために物質的なものを受け取らずに実行する。またそのことが彼の「報酬」なのである！

パウロは自分の他の手紙の中でも、福音宣教に対して金銭や物品を受け取らないことを強調している。例えばコリント人への第二の手紙二章17節で「わたしたちは、多くの人のように神の言を売り物にせず……」と記している（Ⅱコリ一一・9—10、一二・13、Ⅰテサ二・5—10参照）。これはとにかくパウロが他人から何も決して受け取らないことを意味しない。ときに、たとえば彼が囚《とら》われの身となった時のように、必要が迫った時には、人々は彼が必要としたものを彼に贈ったのである（例えばⅡコリ九章、ピリ四・16参照）。しかし、（通常）人々は他の所からやって来て彼に贈り物をしても、パウロもそれを友達甲斐《がい》、また急場での助けと考え、それを福音説教者としての彼の働きへの「報酬」とは考えなかった。

パウロはこのように自分の手で働いて生計を立て、使徒としての彼の権利を用いることをせず、反対に福音を「無代価で」提供することを選んだ。その理由として、彼は使徒として有する「自由」がかかわっていることと（1節、19節）、自分が当面めざしていること、つまり「キリストの福音の妨げにならない」（12節）、積極的に言えば、「できるだけ多くの人を得るため」（19節）ということをあげる。

報酬として金銭やその他物品を受けないことによって、パウロはある点ではながい伝統に従ったとも言える。ギリシャ‐ローマ世界での大多数の人々は、その教導に対して豪華な謝礼を受ける教師たち哲学者たちにひどく敬意を払ったけれども、これはどうかと思う見解もあったのである。この見解を抱く少数の人々は、他人に教えてその報酬を受け取ろうとしない教師たちや哲学者たちをまさに本当に賢く、「自由で」自立した人物であると論評した。ソクラテスがそのもっとも有名な例として知られていた。ソクラテスは「誰からも贈り物や報酬を受け取らなかった」ゆえに、最も「自由な」人と呼ばれた（クセノフォン *Apologia*（弁証）一六。*Memorabilia*（ソクラテスの思い出）一、二、五

—七参照)。報酬を要求せずに自分で生計を立てる人は、自由で自立する人であって、自分が望む人を相手に語りうるし、自分の望む事柄を語りうる。その例として、ディオン・クリュソストモス *Orationes*(演説)七七/七八、三七を参照されたい。そこには「度量の大きい」人のことが語られていて、「彼は自分の自由と率直さを、卑しむべき金銭や権力や富の前で決して他人に譲り渡さないであろう」と述べられている。あるいは、アポローニオス *Epistula*(書簡集)四二に「彼は彼の哲学のために、困窮する時でさえ決して報酬を受け取らないであろう」と記されている(さらに、ベン・シラ五一・25、フィロストラトス *Vita Apollonii*(アポローン伝)八、七、同三、七、ディオン・クリュソストモス *Orationes*(演説)一三、三二、同三二、一一、同三五、一、ディオゲネス・ラエルティオス *Vitae philosophorum*(哲学者たちの生涯)二、一二三、ムソニウス・ルーフス Dissertationes(語録)一一、キケロ De legibus(法について)一、一八、四八参照)。同じように使徒パウロも人々に福音を告知するときには、使徒として、報酬を受け取る完全な権利があったけれども、それを受け取らないことを選ぶ。彼はこのようにどこまでも自由であり自立しており、人と調子を合わせることなく、望む人と語り、望む事を語ることができる(「その人のパンを食べる者は、その人の言葉を語る」ことである。「モーセの昇天」五・5参照)。

パウロの自由と福音のための奉仕

九章

19
わたしは、誰にも依存していないが、ますます多くの人を福音にかちとるために、自ら進んです
べての人の奴隷になった。
20
ユダヤ人には、ユダヤ人のようになった。ユダヤ人をかちとるためである。律法の下にある人に
は、わたし自身は律法の下にはないが、律法の下にある者のようになった。律法の下にある人を
かちとるためである。
21
わたしは律法なしで生きる者ではなく、つまり神に対する律法の諸義務なしではなく――キリス
トに対する律法の諸義務を負っている者であるが――律法なしで生活する人々のもとでは、律法
のない人のようになった。それは律法のない人を福音にかちとるためである。
22
わたしは弱い人には弱い人のようになった。こうして弱い人を福音にかちとるのである。すべて
の人に対しては、すべての人のようになった。なんとかして幾人かを救うためである。
23
福音のために、わたしはこのすべてをする。結局わたしも福音にあずかるためである。

パウロが福音を「無代価」で提供するために持つ自由と自立は、自己目的なのではないことを、使徒は読者たちに示す。逆に彼はこのようにして使徒としての彼の権利をより高いものに達するために放棄するのであり、その自由と自立は「一人でも多くの人を福音のためにかちとる」という、より高い目的をもって、すべての人々の役に立つ実践において、目的をとげているのである。パウロはこの実例でもって、自由はいつも限界を持つことをコリントの読者たちに、つまり若干のコリントのキリスト者たちに知らせようとするが、彼の考えによればこれは、彼らがほとんどわかっていない事柄なのである。（八・9—12参照）。またパウロにとって「無代価」は他者と他者の救いに役立つ。他者の救いが問題となる時には、人は自分の自由を放棄、あるいは制約して役立てる。そのようにパウロも人々を「福音にかちとるため」（19、20、21、22aの諸節）、人々を「救う」ために（22節b）、「自ら進んですべての人の奴隷になった」（19節）。「すべての人に対しては、すべての人のようになった」（22節b）。これは彼がユダヤ人たちのもとで生活するときにはユダヤ人として（20節）、異邦人のもとで生活するときには異邦人として（21節）、また「弱い人々」のもとでは弱い人のようになった（22節a）ことなのである。このようにパウロは彼の自由と自立を絶えず断念し、すべての人々の救いのために各人に近づくのである。こうすることでだけ様々なグループの人々のもとに福音をたずさえて行き着けるのである。

パウロはこのようにして、キリスト教会の人々によって自らの生計を立てる使徒としての権利を用いない。使徒は先述の箇所でそのことを広く論じた。その意図は、彼が使徒として「自由な」者であり、「誰からも自立している」（19節。1節参照）ことをコリントびとに知らせるためである。しかしパウロの自由もまたすべてのキリスト者の自由のように、明白な限界があるものである。彼は「できるだけ多くの人を福音のためにかちとるために」、福音を宣教するとき、自由をしばしば断念し、自分自身を「すべての人の奴隷とする」（19節。Ⅱコリ四・5参照）。「自由な」人として自分自身を「奴隷」にする。これはパウロが彼のコリントの読者たちに、特定の場合には他者のために自分の自由を捨てねばならないことを明らかにする新しい逆説である。パウロは自らを他者に近づけることによってのみ「ますます多くの人々」を「福音のためにかちとる」ことができる（「ますます」や「いよいよ」の意味については、Ⅱコリ四・15「……恵みがますます多くの人に増し加わるにつれ……」参照）。ここで福音に「かちとる」と訳された動詞は、字義通りは「勝ち取る」である。「神のために」、「福音のために」、あるいは「永遠の救いのために」という言葉をそえて用いれば、その「勝ち取る」という言葉の意図が最適に表現される。この「勝ち取る」という動詞は、ここの文脈において確かに「救う」という動詞とほぼ同義であるので、パウロは22節bの「なんとかして幾人かを救うためである」という並行の節で用いるのである（七・16の「……妻よ、あなたが夫をもしかしたら救いうるかもしれない」。またⅠペテ三・1の「……彼ら（＝夫たち）は、彼らの妻たちの行いによって勝ち取られる」参照）。

使徒は20―22節aにおいて、実際にはこの「奴隷状態」がどんなものかを三つの実例を用いて知らせる。それゆえ、彼は「ユダヤ人」のもとでは福音にかちとるために、ユダヤ人として振る舞う（20

節a）。彼は「ユダヤ人の律法のもとに立つ人々」のもとでは（この表現はロマ六・14—15、ガラ四・21参照）、「ユダヤ人の律法のもとにある人」として振る舞う（20節b）ことをコリントの異邦人キリスト者たちに対して詳しく説明するのである。これは、その場合、食物規定や清めの規定のようなすべての特殊なユダヤ人の戒律を守ることを含む。彼はただただ、ユダヤ人をつまずかせ、彼の福音宣教の妨げにならないようにとこうするのである。というのは、彼はキリスト者としてもはや自分自身は「ユダヤ人の律法のもとに」立たないゆえ（20節）、つまりキリスト者たちは清めの規定・食物規定・割礼の命令といったユダヤ人の戒律に縛られてはいないわけで、これらの戒律はユダヤ人の戒律であり、キリスト者の律法ではないからである（I巻序論参照。またロマ一四・17、Iコリ七・19、ガラ二・3、4—5、11—13、五・2—4、六・15も参照）。パウロはユダヤ人のもとにいるときには、彼の振る舞い、彼の生活の仕方をそれに合わせるが、自分自身はキリスト者として意識しているのであり、ユダヤ人の戒律に従うわけではない。もちろん、彼の使信、福音の内容を相手に合わせることはしない。

パウロは異邦人のもとにいるときも、順応する。彼は21節でそれを「律法なしで生活する人々」（字義通りには「律法なし」である人々）として性格づける。しかし彼はこれらの人々を「無法な」生活を律する規律を少しも気にとめない（ギリシャ語でもその意味）人々であると言っているのではなく、彼ら異邦人がユダヤ人の律法なしで生活していることを言おうとするのである（ロマ二・12、エステル〔ギリシャ語訳〕四・17参照）。またパウロは異邦人と交際するとき、彼らの一人のように振る舞い、そのようにして「律法なしで生活する者」（つまりユダヤ人の律法なしでの意）として振る舞う。これはたとえばユダヤ人の規定によれば清くない食物を食べるという実際の例を言っている。ここでもやはり彼は、自分が身を置いている、そこの人々が違和感を抱き、その結果彼の福音宣教が実らないことにならぬように振る舞う。確かに他の人々を「福音にかちとる」ことに一切がかかっている。「律法なしに」（上記参照）という表現は曖昧なので、パウロはすぐに付け加えて、「律法なしに」とはある環境に置かれた場合には「律法なしで」、つまりユダヤ人の律法で生活することはしないが、しかし何の律法もなく生活するという意味ではなく、とにかくいかなる律法にも何も気にかけない意味ではないと、言う。それどころか、彼は完全に「律法の諸義務」を負う。しかし神に対してである（字義通りには、「神に関しては律法なしではない」）。つまり彼はどんなキリスト者とも同じように「キリストに関しては律法の諸義務を負う」（字義通りには、「キリストに関して律法に縛られている」）。キリスト者たちは確かにモーセの戒律、ユダヤ人の戒律の権威に服従せずに他の律法、つまり「キリストの律法」（ガラ六・2）に服従する。キリストの律法の核は隣人への愛の戒めである（七・19参照）。このキリストの律法はパウロにとってあらゆる時にも従うべきものである。彼がときに「律法なし」で過ごしていようともである。

最後にパウロは第三のグループの人々、彼が自分を合わせている「弱い人々」について、「わたしは弱い人には弱い者になった」と述べる。これはここでパウロが身体の弱い人、あるいは病人について考えているのではないであろう。さらに使徒はここで「社会生活における弱い人」、つまり社会的地位の低い人々、たとえば奴隷の人々のことを指しているのでもない。パウロは確かに一度ならず、「弱く」あるのを選び取ると強調しているが（例、四・10、Ⅱコリ一〇・10、一一・21、一二・10、一三・9参照）、しかしこれは特に社会的弱者を福音のために得るのを意味しているのではない。福音宣教のためにこの弱くなることこそ、彼の偽りのない生活スタイルであり、彼が福音宣教者として選びとった生活スタイルなのである。パウロが22節で「弱い人々」というのは、信仰の弱い人のこと、つまり彼が八章7—12節において語った人々と同じ人々を指しているのは明らかである。その際この弱い人とは、確かな「知識」に欠ける人、例えば偶像に供えられた食物を食べねばならないときに頭が混乱するキリスト者たちのことなのである。使徒は、同様の事柄に直面したときにはその「弱い」キリスト者の側に立つのを選び（Ⅱコリ一一・29参照）、そうした食物を食べないのである（八・13参照）。また彼がそうするのは他の人が「罪にいざなわれ」（八・13）、「滅びる」のを望まないからであり、あるいは九章22節にあるように、「弱い人々を福音のためにかちとるために」そうするのである。パウロはここで再び「勝ち取る」という言葉を用いるが（19節参照）、もちろんこの「弱い人々」はキリスト者として当然福音のために勝ち取られてはいるのである。しかし、パウロが彼ら弱い人々に自分を合わせるのは、この弱いキリスト者たちが滅びる危険のあるときであると、前提しているのである（八・11参照）。逆に、彼がその弱い人に自分を合わせるときは、彼ら弱い人々は滅びず、いわば「救われ」（22節b参照）、福音と神のために「かちとられ」、「救われ」ることを暗示している。これと同じ考えは、マタイによる福音書一八章15節に記されている。「あなたたちの兄弟たち（つまりあなたたちの同信の仲間たち、あなたたちのキリスト者の仲間たち）があなたたちに罪を犯すなら、行って、彼とふたりだけの所で忠告しなさい。もし聞いてくれたら、あなたたちの兄弟たちをかちとったことになる（すなわち、永遠の罰をまぬがれ、守られた）」。

パウロは22節の結びで彼の姿勢を過去形と現在形とでもう一度短く要約する。「すべての人に対しては、すべての人のようになった。なんとかして幾人かを救うためである」。パウロはさらに別の箇所でも、彼の福音宣教者としての働きは人々を救うこと、つまり悔い改めて永遠の救いをもたらすことに向けられているのを強調する（一〇・33、ロマ一一・14参照）。それが彼の目的であり、そのためには彼自身の自由と自立を放棄することがしばしば必要とされる。換言すると、パウロはこれを、福音を伝播するために、「何よりもキリストの福音の妨げとならないように」（12節）、「できるだけ多くの人を福音のためにかちとるために」（19節）、するのである（23節）。その際、彼は他の人々に約束された救いが分け与えられるだけでなく、彼自身も「キリストの仕え人として」、「神の奥義の管理者として」（四・1）、神がその福音において御自分の者たちに約束なさった救いを分け与えられようと望む（23節）。

パウロの労苦と犠牲

九章

24あなたたちは知らないのか。競技場で走る走り手で、賞をかちとる者はひとりだけである。あな
たたち賞をかちとる人たちは、そのように走りなさい。
25しかし、すべて競技に加わる者は、何ごとにも節制しなければならない。彼らは朽ちる冠をかち
とるためにそうするが、わたしたちは朽ちない冠をかちとるためにそうするのである。
26そこで、わたしは自身はやはり何となく走りはしない。わたしは空を打つような拳闘はしない。
27いや、自分のからだに厳しくし、服従させるのである。ほかの人に福音を宣べ伝えておきながら、
自分は賞がもらえないことにはなりたくないからである。

パウロは先述の諸節で、生計を得る権利を用いず、そのために自由と自立を選びとったことをコリントの読者たちに知らせた。しかしその自由には限界がある。パウロは福音のために規則どおり順応し、自分の自由を放棄する。使徒として彼は、「人それぞれに対して、すべてになった」（22節）し、また「すべてを忍んでいる」（12節）。パウロは24—27節においてもう一度、読者たちに彼が他者と自

分の救いのために、使徒またキリスト者として全身全霊を捧げている様子をコリントのキリスト者たちの模範として知らせる。

パウロは、彼がすべてのキリスト者たちと共に救いに達するために全力を注がねばならない度合いを彼らに知らせるために、競技の世界からたとえを引く。「あなたたちは知らないのか（これはパウロの好む表現。三・16参照）、競技場の走者で、賞をかちとる者はひとりだけである」（24節ａ）。換言すれば、多くの走者たちはみな走るが、ただ一人が賞を得る、つまり一番速く走る者が賞をかちとる者である。

パウロはこの競技のたとえを使徒としての彼の努力の説明に用いるのであるが、彼は永遠の救いをかちとるために彼ら読者たちも最善を尽くして、このたとえのように彼らもよく走って「賞をかちとる者」（24節ｂ）であってほしいのである。キリスト者の生活は確かに、賞をかちとるため、つまり救いをかちとるために全力を注がねばならない競技に比べられる（ピリ三・14、Ⅰテモ一・18、六・12、Ⅱテモ四・7―8、ヘブ一二・1、ユダ3参照）。ここでパウロにとって大事なのは、もとめられている全力投入の重さを知らせることである。賞をかちとるのは一人だけである。あるいはただ最も速く走る者、最善を尽くす者が賞をかちとる。キリスト者にとってそのことはひとりでになるわけでなく、それには多くのことをしなければならない。いやそのためにすべてをなさねばならない！このことは以下で明らかなように、確かにパウロ自身にもあてはまる。

賞とは何か、とりわけいかに賞をかちとるかについて、パウロは25節でなおも同じたとえを用いてさらに詳しく述べる。「彼ら」競技者たちは「朽ちる冠をかちとる」ために、つまりすぐに朽ち、消失する冠（Ⅱテモ二・5参照）のために節制するが、「わたしたち」キリスト者たちは全く別の秩序、より高い、つまり「過ぎ去らない」賞、決して移りゆかないもの、すなわち救い、永遠の生命、「栄光」（Ⅱテモ四・8、Ⅰペテ五・4、ヤコ一・12、黙二・10、三・11参照）を得るために節制する。しかし、人は何もせずに賞を得ることはない。すなわち、「すべて競技に加わる者は、何ごとにも節制をする」。競技者はずっと厳しい訓練を積み、多くの点で、たとえば飲み食いの際に節制せねばならず、自己を統御し、全身全霊を競技に注ぎこまねばならない。キリスト者たちはこれと同じことを救いに達するためにその生活においてなさねばならない（ヨブの遺訓四、一〇に「あなた〔＝ヨブ〕は苦痛を忍ばねばならぬが、冠を受けるであろう」、同二七・3—4、フィロン *Legum allegoriae*（寓喩的解釈）二、一〇八、セネカ *Epistulae Morales*（道徳書簡集）七八、一六参照）。

それでもやはり、パウロは26節と27節から明らかなように、キリスト者のたたかいについて一般的に述べるために競技者のたとえを遠回しに用いているにすぎない。まず第一にこのたとえの意図は、福音宣教者としてのパウロ自身の姿勢と振る舞いを説明するものである。事実これらの諸節においては一人称単数が用いられているのである（「わたしは個人としては……」）。まずパウロはこのたとえを用いて読者たちに、自分自身の「競走」において何をしているのか正確に知っていること、つまり「そこで、わたしとしても何となく走りはせず、空を打つような挙闘はしない」（26節）ことを説明する。このように彼は、自分の目標を正しく目指す競走者や、「空を打たない」、つまり空振りせず効果的に打つ挙闘士のようなのである。さらにどの競技者にも当てはまること、つまり、何ごとにも節制し（25節）、「自分のからだに厳しくし、服従させる」（27節a）ことは、パウロにも当てはまる（27節aは字義通りには「わたしはわたしのからだを打ちたたき、またそれを奴隷のように扱う」）。パウロはこれらのたとえを用いて、彼が忍ばねばならないこと、つまり彼の福音宣教に際して彼が味わわされる患難、窮地、みじめさ、また自分の手の働きによって生活するために引き受ける苦労のことを言っているのは確かである（四・9―13参照）。彼は確かにキリスト教会の会員たちによって生計を立てないようにしている！　パウロはそのことによって、ディオン・クリュソストモスの *Orationes*（演説）に記されているような「度量の大きな」人物のようにみえるかもしれない（九・18も参照）。つまり、このディオン・クリュソストモスの叙述によれば、その人物は金銭や名声やこの世における生活から超脱し、またそれによって他人に嘲笑されるが、逆に「彼は自分のからだを訓練し、それによってできるだけ多くの苦労をするのに慣れるのである」（七七／七八、四一）。

しかし、パウロがこの章節で締めくくっているように、こうした労苦をし、また全力を注ぐ目的は「ほかの人に福音を宣べ伝えておきながら、自分は賞をもらえない走りをしたくないことである」（字義通りには「ほかの人に福音を宣べ伝えた後で、自分は失格者の走りをしたくないからである」27節結び。23節b参照）。パウロは一方では、それによって人々が「救われ」（22節）、「朽ちない冠をかちとる」（25節）ために、神の命令に従う。彼は他方で、彼自身ももちろん「賞をかちとる」のを望み、救いに達するのを願う。彼は自分の労苦を「福音のため」であると考え（23節）、福音宣教者としての自分の働きの際の大きな労苦を勝ち取らねばならぬ競技のように考え、また試練に成功を勝ち取らねばならぬと考える(ヤコ一・12の「試練に耐え抜く人はさいわいである。なぜなら、その試練に耐え抜くとき、彼は神を愛する者たちに約束されたいのちの冠を受けるからである」参照)。パウロはそのように「(成功して)失格者にならない」ことを望み(この表現については一一・19、Ⅱコリ一〇・18、一三・5、7、Ⅱテモ二・15、イグナティオス『トラレスへの手紙』一二・3参照)、さらに「賞がもらえる」のを願う。パウロはこれらすべてがコリントびとにとって模範になるのを望むのである。つまり、他者の救いが問題になるときには、ことによると自己犠牲、労苦、自分の自由と権利の放棄、他者に対して必要な相手への順応などについて、パウロを模範にしてほしいと望むのである。

警告の先例である荒野におけるイスラエルの民

一〇章

1 兄弟姉妹たちよ、次のことを前もって知ってもらいたい。わたしたちの先祖はかつてはみな雲の下におり、みな海を通り、
2 みな雲と海によって、モーセの中に沈め入れられた。

3また、みなが同じ霊の食物を食べ、
4みなが同じ霊の飲み物を飲んだ。すなわち、彼らについてきた霊の岩からの水を飲んだ。そして
この岩はキリストであった。
5それにもかかわらず、彼らの大多数は、神のみこころにかなわなかった。その証拠に荒野で滅ぼ
されてしまった。
6これらの出来事は、わたしたちのための先例であって、彼らのように、わたしたちが悪を願望し
ないためなのである。
7彼らの中のある者たちのように、偶像礼拝者になってはならない。彼らについては「民はすわっ
て飲み食いし、そして立ち上って踊った」と書かれている。
8また、ある者たちがしたように、わたしたちは不品行を犯してはならない。不品行を犯したため
に死んだ者が、一日に二万三千人もあった。
9また、彼らの中のある者たちがしたように、わたしたちはキリストを試みてはならない。神を試
みた者は、へびに殺されて果てた。
10また、ある者たちが神に反抗したように、反抗してはならない。彼らは、死の御使いに滅ぼされ
て果てた。
11これらの事が彼らに起こったのは、わたしたちに対する戒めとしてであって、それらが書かれた
のは、終りに向かっている時に生きているわたしたちに対する警告のためである。

12 だから、堅く立っていると思う者は、倒れないように気をつけなければならない。
13 あなたたちは人間離れをした試練に遭ってはいない。神は真実である。あなたたちが、あなたた
ちの力以上の試練に遭うことをゆるされない。いや、あなたたちが試練に遭うならば、同時に逃
れる道も備えて、それに耐えられるようにしてくださるのである。

パウロはこれらの諸節で、偶像に供えた物を食べないことに関する八章1節から一一章1節の中心主題に立ち戻る。それでもここではそのような食物を食べることが同信のほかの人々の信仰を捨てさせる可能性について（八章）ふれずに、偶像への供え物を食べる人々自身にとっての危難を取り上げる。つまり、あからさまな偶像崇拝と救いを失うこととは相互に手に手を取り合っている。使徒はこれを説明するために、イスラエルの民が約束の地に向かう途上で荒野を旅したときのことを実例として示す。イスラエルの民全員は、神によってエジプトから解放されたときに選びの民とされたが（1—4節）、その民の大多数が荒野で死んだ（5節）。彼らが滅びたのは、彼らが悪い願望を抱き、偶像崇拝に身をゆだねた（6—7節）からであると告げられている。このようなすべての事は、彼らの一度ならずのふしだらな行いや、神を「試み」、神に対して「不平」を言う傾向からも明らかである（8—10節）。

パウロはコリントびとに旧約聖書の実例で警告しようとする（6節と11節）。コリントびとはあらゆる形式の不信仰と偶像崇拝に身をゆだねてはならない。コリントびとは、こうした時に彼らを助け

るのは、ほかでもなく神であられるのを知って、同じような「悪い欲望」、そうしたもろもろの「試み」に気をつけねばならず、抵抗せねばならない（11―13節）。

パウロの好みの表現「次のことを前もって知ってもらいたい」という導入の言葉で（さらにロマ一・13、一一・25、Ⅰコリ一二・1、Ⅱコリ一・8、Ⅰテサ四・13参照）、彼は読者たちにこの後に続く実例で何か新しい事柄、彼らがまだ知らない事柄を語りたいことを明らかにする。荒野を旅するイスラエルの民の物語は、コリントびとにはおそらくよく知られていたのではなかろうか。しかしコリントびと自身の状況へのパウロの説明とその適用は彼らにとって当然全く新しいものであった。パウロがイスラエルの民をここで「わたしたちの」先祖たちと言ったのは注目すべきである。すなわち、彼はアブラハムをすべてのキリスト者、ユダヤ人と同じく異邦人たちの先祖であると言おうとして、「わたしたちの父（先祖）」と呼ぶように（ロマ四・1、12―17）、彼はまたモーセの時代のイスラエルの民を、そのキリスト者がユダヤ人であろうと異邦人であろうと関係なく「先祖たち」と呼ぶのである。ほとんどが異邦人キリスト者であったコリントびとにとっても、これらのイスラエルの民は「先祖たち」なのである（第一クレメンス四・8の「わたしたちの父ヤコブ」、同六〇・4参照）。パウロの見解では、異邦人キリスト者たちは、尊いオリブの木、イスラエルにしっかりと接《つ》ぎ木《き》されていた（ロマ一一・17―24、二・26―29、ガラ三・6―9、二九・6―16、ピリ三・3参照）、旧約聖書には神とその民イスラエルについての物語が記されており、旧約聖書はユダヤ人とキリスト者の共通の聖なる書物なのである。

パウロは荒野を旅するイスラエルの民の物語から、四つの要素を正面に持ち出す（1―4節）。彼がここで選び出した事柄と特定の表現から明らかなのは、彼がその物語を出エジプト記と民数記とから知ったのみでなく、旧約聖書の解釈伝承とユダヤ人の解釈伝承にも通じていたことである。その解釈伝承の例を挙げると、ネヘミヤ記九章9―21節、詩篇七八篇12―37節、一〇五篇39―41節、ソロモンの知恵一一章1―14節、一九章1―12節、偽フィロン *Liber Antiquitatum Biblicarum*（聖書古代誌）一〇―一九、ヨセフス *Antiquitas Judaicae*（ユダヤ古代誌）三、八六に見られる。パウロはイスラエルの民は「みな雲の下にいた」ことをまず述べる（1節）。出エジプト記一三章21節に、彼らに道を示すために雲（「雲の柱」）がイスラエルの民の前に現れたことが記されている。かつて雲はまた、彼らをエジプトびとの軍隊から守るために彼らの背後に立った（出一四・19―20）。また民数記一〇章34（36）節においては、「雲は彼らの上にあった」、あるいは七十人訳のように「彼らの上に影を作った」と記されている（民一四・14参照）。この民数記の諸テキストは、後代の旧約聖書の解釈とユダヤ教の解釈を通して、雲はとりわけ覆いや保護するものとして見られるようになった（詩一〇五・39、ソロ知一〇・17、一九・7―8参照）。とにかくこの1節の「下」という前置詞を伴う表現がそれを説明している。パウロは続いてイスラエルの民は「みな海を通った」（1節）と語る。ここで使徒は出エジプト記一四章21―22節で語られ、また例えばネヘミヤ記九章11節、詩篇七八篇13節、第一マカベア書四章9節、ユディト書五章13節、ソロモンの知恵一〇章18節、一九章7―8節、ヨセフス

Antiquitates Judaicae（ユダヤ古代誌）三、八六などにおいて語られる物語を指し示す。

パウロは3節で、イスラエルの民は「みな同じ霊の食物を食べた」ことを指し示す。彼はここでもちろん「天からのパン」、つまりイスラエルの民が長期にわたった荒野での生活の中で食べたマナのことを考えている（出一六・4―35、申八・3、16、ネヘ九・20、詩七八・24―25、一〇五・40、ヨセフス *Antiquitates Judaicae*（ユダヤ古代誌）三、八六）。パウロは、そのマナが地上の食物でなく、天からの食物、神からくる食物であったので、マナを「霊の」食物と呼ぶ。マナは確かに「天からの」食物であったし（出一六・4、詩一〇五・40。参照、フィロン *Quis rerum divinarum heres*（相続人は誰か）一九一）、またそれは「天の穀物」（詩七八・24）、「天使のパン」（詩七八・25）、人々の知らない食物であった（申八・3、16）。

パウロは締めくくりで、イスラエルの民は「みな同じ飲み物を飲んだ」と述べ、それをさらに詳しく、「彼らはみな彼らについてきた霊の岩から飲んだからである」（14節）と説明する。彼はここでモーセがかつて岩を打って、そこから水が溢れ出た物語を参照している（出一七・1―7、民二〇・2―13、申八・15、ネヘ九・15、詩七八・15―16、20、一〇五・41、イザ四八・21、ソロ知一一・4―14、ヨセフス *Antiquitates Judaicae*（ユダヤ古代誌）三、八六、フィロン *De vita Mosis*（モーセの生涯）一、二一〇参照）。「彼らについてきた」かれない泉の岩は、旧約聖書の物語ではなじみのないテーマであるが、パウロはこれを当時のユダヤ教の伝承から引用したのである。民数記二一章16―18節と結びつけられて、出エジプト記一七章1―7節と民数記二〇章2―13節のテキストから、泉はイスラエルの民に「共についてきた」と結論された。例えば偽フィロンの*Liber Antiquitatum Biblicarum*（聖書古代誌）一〇、七に「神は四〇年間彼らのために天からパンを降らし、彼らのために海からウズラをもたらし、彼らのために後についてくる水の井戸を湧き出させた」とある（さらに、一一・15、詩一〇五・41参照）。パウロが食物（3節）と同じく飲み物とそこから水が溢れ出る岩とをここで「霊的な」と呼ぶのは、それらが超自然のもの、神からくるものであるからである。

パウロがコリントびとにイスラエルの民の荒野を通る旅をこのように参照して語る内容は、2節と4節の二つの短い言葉から明らかである。彼はまずイスラエルの民は「みな雲と海によってモーセの中に沈め入れられた」（2節）と述べ、続いて読者たちに「この岩はキリストであった」（4節）と教える。パウロは旧約聖書の物語をこのようにキリスト者の入射角から解釈する。彼は、雲と共に紅海を渡った出来事（出一四・14—22）とキリスト者の洗礼を比べられるものとする。言い換えれば、彼はイスラエルの民も「洗礼を受けた」こと、紅海の水をくぐって渡り、その水によって全く囲まれたときにその「洗礼を受けた」ことを、彼の読者たちに認識させたいのである。キリスト者たちが、信仰者とキリストとの間の結合が表現される「キリストの中に」、「キリストの名において」、洗礼を受けるように（Ⅰコリ一・13、15、ロマ六・3、ガラ三・27、使二・38、八・16、一〇・48、一九・5参照）、同じくイスラエルの民もかつて「モーセの中に」（あるいは「モーセの名において」）洗礼を受けたのである。すなわち、紅海を通り抜けたこと、あるいは彼らの「洗礼」が、イスラエルの民と彼らの指導者モーセとの間の堅い一体化に導いた。もちろん、パウロは彼らの「洗礼」をキリスト者の洗礼と同一とは考えない。彼らイスラエルの民の「洗礼」は、キリスト者の洗礼と相似なのである。ところでこのような類比は、ペテロの第一の手紙三章20―21節にも見出され、そこではノアの大洪水の水はキリスト者の洗礼の水と比較されている。

パウロは言う。イスラエルの民がまるでキリスト者たちのように、「洗礼」されたとき、彼らもキリスト教会の目印である、イエス・キリストを記念する共同の食事にあずかったのである。一方でイスラエルの民はみな同じ食事を食べ、同じ飲み物を飲んだ。それによって彼らは揺るぎない共同体を形成した。また他方で彼らが水を飲んだ岩は「キリスト」である。パウロにとって、その岩はもちろんキリストと同一のものでなく、あるいはあたかもイエス・キリストがあのときイスラエルの民に岩の形で御自身を現したかのようなキリストの幻影でもない。使徒パウロはここでも再び全く類比で示しているのであって、キリスト者たちが共同の食事に際し日曜日の夕べに主との結合のうちに食べ、飲むように（Ⅰコリ一〇・16―17と一一・17―34参照）、やはり共同の食事をしたイスラエルの民のことを通して、「同じ霊的な食物」を食べ、また「同じ霊的な飲み物」を飲む一種の共同の食事が理解されうるのである。パウロによれば、イスラエルの民が水を飲んだ岩がキリストと示唆されたときには、イスラエルの民とキリストとの間の結合がこの「食事」のうちに存在したのである。要約して言えば、パウロは1―4節において、イスラエルの民はエジプト脱出後に、本来的に洗礼を受け、キリストの共同の食事にあずかっているのをコリントびとに明らかにしようとする。その内実は、当時のイスラエルの民とコリントのキリスト教会との間に相違はない。すなわち、イスラエルの民とキリスト教会との二つの群は、神の民という印《しるし》を身につけた群なのである。

パウロは、イスラエルの民がエジプト脱出後みな例外なく神によって選ばれた民になったのを広範に論じた後に、5節で「彼らの大多数は神のみこころにかなわなかった」とコリントの読者たちに告げる(「みな」という語は、1―4節で五回も用いられている!)。イスラエルの民はそのように「洗礼され」、同じ共同の食事にあずかったにもかかわらず、彼らの大多数は悪くなったので、「彼らは荒野で滅ぼされてしまった」(5節)。パウロはここでイスラエルの民が荒野で滅びざるをえなかった神の罰について旧約聖書を参照する。特に参照するのは民数記一四章26―38節の「あなたたちはこの荒野で倒れるであろう……あなたたちは約束の地には入れないであろう……あなたたちはこの荒野で倒れるであろう……あなたたちはこの荒野で終り、死ぬであろう」である(詩七八・31、ベン・シラ一六・10、ヘブ三・17、ユダ5参照。パウロがここで用いる表現は民一四・16からの次の引用であろう。「それゆえ主は彼らを荒野で滅ぼされた」)。実際に生きて約束の地に入ったのは、わずかカレブとヨシュアの二人だけであった(民一四・30)。なぜイスラエルの民の大多数が荒野で死んだかの理由、つまり神の罰の理由について、パウロは次に語ろうとする。

パウロは、神の罰が引き起こされたイスラエルの民の誤った振る舞いについて立ち入って語る前に6―10節において、イスラエルの民に起こっていることを「わたしたちへの先例」であるともう一度指摘する(6節a。11節参照)。彼ら大多数の滅びは、「わたしたちに対する」、特にコリントのキリスト者たちに対する警告であるにちがいない。それゆえ、荒野におけるイスラエルの民のように振る舞ってはならないとキリスト者たちに——コリントのキリスト者にも——警告される。一般的に表現すれば、あるいは短く要約して言えば、彼らは「イスラエルの民がなしたように悪を求めてはならない」（あるいは「悪をむさぼってはならない」6節）。言葉の使用について言えば、パウロは民数記一一章4節、34節の「彼らは大きな欲心を起こし……欲心を起こした民をそこに埋めた」、また詩篇一〇六篇14節の「彼らは荒野でわがままな欲望を起こし、荒野で神を試みた」というテキストを引く。

しかしながらパウロがここで意図することは、「悪をむさぼらない」ようにという警告によって、荒野を通ったイスラエルの民の旅の出来事から引き出された主題への単なる指示以上のものである。当時の多くの人々にとっても、パウロにとっても、「悪をむさぼる」こと、つまり「禁じられた」事柄を欲しがることは、最大の悪徳の一つであった。とりわけ、ストア派哲学の影響下のヘレニズム世界においては、「むさぼり」はどこでも大きな悪と見なされた。つまり、「むさぼり」は人間の生を全面的に支配しえたのであり、それによって人間たちは自分自身のコントロールをすっかり失い、もはや社会において「正常」に機能することができなくなるのであった（エピクテートス *Dissertationes*（語録）四、一、一七五の「むさぼりを満たすことによっては、自由は達成されず、まさしくむさぼりを抑えることによって自由は達成される」参照）。さらにユダヤ教においても、初代キリスト教においても、「十戒」（出二〇・17、申五・21）の影響のもとで、むさぼり、とりわけ飲食と性に関するむさぼりは多くの悲惨の源とされていた。実例として参照してほしいのは、「イエス・シラクの知恵」

二三・4—6に「主は……わたしのむさぼりを避けさせてくださり、大食と性的激情がわたしを支配しないようにしてくださり、わたしから恥知らずな性向を取り上げてくださる」（さらに例、ソロ知四・12、Ⅳマカ一・22、二・6、三・2、ヨセフス *Antiquitates Judaicae*（ユダヤ古代誌）四、一四三、フィロン *De vita contemplativa*（瞑想的生活）七四、*De decalogo*（十戒について）一七三、*De specialibus legibus*（特殊律法）四、九三—九四、マタ五・28、コロ三・5、Ⅰテモ六・9、ヤコ一・14—15、Ⅰペテ四・2—3、Ⅱペテ一・4参照）。パウロはこれに全面的に賛同している（ロマ一・24、七・7—8、一三・9、14、ガラ五・16—17、24、Ⅰテサ四・5参照）。とすると、これも彼が、とがめられるべき振る舞いのいくつかの具体的な形にあらかじめ立ち入って置いて、「悪を願望しないい」ようにコリントびとに呼びかける理由でもある。この願望、この欲望が不道徳な振る舞いそれぞそれぞれの形式の源なのである。またパウロの考えるように、コリントびとがこのむさぼりに対して抵抗しうるなら、彼らは偶像崇拝のいかなる形式にもさそわれることなく、神に対して真実であり続け、速やかに救いにあずかるであろう。

コリントにおける（異邦人）キリスト者たちがさらされている大きな危険であるものが7節で直接に明らかになる。すなわち、文脈から明らかなように、彼らのむさぼりから、そして特に一定の食事への彼らの欲望のために（八章と一〇・14—一一・1参照）、彼らコリントびとはいつか偶像崇拝の罪を犯しかねないのである。それゆえパウロは、荒野を通って旅をした当時のイスラエルの若干の民のように「偶像崇拝者たちにならぬように」と彼らに呼びかける。7節bにおける出エジプト記三二章6節（「民はすわって飲み食いし、そして立って踊った」）からのそのままの引用から、使徒はここで出エジプト記三二章の「金の子牛」を拝む物語のことを考えている。彼はこの金の子牛の物語を、とりわけこの出エジプト記三二章6節をたまたま選び出したわけではない。そこでは事実偶像をたたえる祭りにつきものの飲み食い（また踊り）が明らかに問題なのである。そのような機会にこそ、偶像に供えられた食物が食されたのである（例、出三四・15―16の「あなたはその国に住む者と契約を結び、彼らの神々を慕って姦淫を行い、その神々に犠牲をささげ、招かれて彼らの犠牲を食べ、またその娘たちを、あなたの息子たちにめとり、その娘たちが自分たちの神々を慕って姦淫を行う……」参照）。（酔うまで）飲み、歓喜して踊った（出三二・17―19参照。儀式と結びつく踊りについては、サム下六・5、21、代下一三・8、一五・29参照）。偶像崇拝にぴったりなこうした祭りでは、大群が食い、飲み、踊った。こうした祭りは旧約時代にだけなされたわけでなく、パウロの時代の異邦の環境でも普通であった（例、プルタルコス*Moralia*（倫理論集）二七七F参照）。さらに同じような儀式的な祭りは、性の領域でのあらゆる不品行な「諸行為」と対《つい》になってなされた。パウロは7節の警告によって（五・10―11、六・9、一〇・14参照）、コリントの異邦人キリスト者の読者たちに、偶像に身をゆだねることを思いとどまらせるよう、もっと具体的には偶像に供えられた食物が食されるような祭りを避けさせようとしている（一〇・14―22参照）。

パウロは続いて、イスラエルの民が荒野を旅したときの悪い行いの三つの実例を8―10節で記す。

パウロにとってはこれらの三つの実例は、イスラエルの民がかつて関わった偶像崇拝とかかわる（7節参照）。彼らイスラエルの民はこれら三つのすべてで神からきびしい罰を招いたのであって、パウロはこれらの実例を、偶像崇拝の危険をコリントの読者たちに警告するための好実例として用いる。コリントびとが、同じような不品行を犯したというのではなく（不品行の行為にならって。8節参照）、パウロが14―22節でさらに詳しく説明するように、不信仰と偶像崇拝とに関係するもろもろの行いが多くのコリントびとにとってまさに差し迫った危険な事柄なのである。

誤った振る舞いの第一の実例として、パウロは不品行を挙げる。「ある者たちがしたように、わたしたちは不品行を犯してはならない。不品行を犯したために死んだ者が一日に二万三千人もあった」（8節）。さらにこの手紙の別の箇所でも、パウロはあらゆる形の婚外の性交渉に反対して、コリントびとに警告している（五・1、九・11、六・9、13―18、七・2参照）。パウロは、不品行を偶像崇拝と密接に関係するものとして見ている（五・1参照）。使徒はこの実例において、民数記一四章32―33節、特に民数記二五章1―9節に記されたような若干のイスラエルの民の浮気の振る舞いについて考えているのであろう。この民数記二五章1―9節のテキストでは、不品行を犯して死んだ者は「二万四千人」であったと記されている（民二五・9）。パウロがそれをここで「二万三千人」と言うのは、彼がここを暗記で「引用」しているからであるらしい。「そのとき非常に多くの人々が死んだ」（字義通りには「多くの、とても多くの人たちが死んだ」）という表現は、旧約聖書や七十人訳に多い（出三二・22、士一二・6、二〇・44、サム上四・10、Ｉマカ三・24など参照）決まり文句であるが、荒野を通る旅のときにイスラエルの民によって犯された不品行の物語ではこの決まり文句は現れないことを認識するならば、その理由をわれわれは納得できるであろう。しかし、この言い廻しはまさに「金の小牛」についての物語において現れる（出三二・28の「その日には民のうち約三千人が倒れた」参照）。パウロはすぐに前の7節でその出エジプト記三二章6節から引用したのである。換言すれば、パウロはここで――暗記で――民数記における不品行の周知の物語にならって非難するのである。パウロは、罰と多くの倒れた人々についての言い廻しとしては同じく民数記二五章9節（「その疫病で二万四千人が死んだ」）を引用せず、「金の小牛」の物語においても現れる旧約聖書の決まり文句の表現に立ち帰り、そしてここで二万三千人の数を挙げる（おそらく民二六・62の「死んだすべての男子は二万三千人であった」から引いたのであろう。そこにこの人数が出てくるが、しかしそれは別の文脈での人数である）。

パウロは誤った振る舞いの二番目の実例として、イスラエルの民が荒野で神を「試みた」（9節ことに言及する（出一七・2、7、民一四・22、詩七八・18、41、九五・9、一〇六・14、ヘブ三・9参照）。神を「試みる」とは、神と神の御力を疑う不信仰者の形である（申六・16、イザ七・12、ユディト書八・12、ベン・シラ一八・23、ソロ知一・2、マタ四・7、ルカ四・12参照）。これとの類比で、キリスト者たちは「キリスト」（あるいは若干のギリシャ語写本のように「主」）を「試みてはならない」。キリスト者たちは主への信仰に堅く立ち続けねばならず（Ⅱコリ一五・1、一六・13、Ⅰテサ三・8参照）、偶像崇拝に転落することでこの信仰を放棄してはならない。なぜなら、罰はきびしいからである。すなわち、神を試みたイスラエルの民は「蛇《へび》に」殺されたのである（9節）。パウロはここで民数記二一章4—9節の「銅の蛇」の物語を参照している。その物語では、神は毒蛇にかませてイスラエルの民を罰している。「蛇は民をかんだので、多くのイスラエルの民が死んだ」（民二一・6、ソロ知一六・5）。

誤った振る舞いの三つ目の実例として、パウロはモーセと神に対するイスラエルの民の反抗的な態度やつぶやきを挙げる（10節）。荒野を通る彼らの旅で、民はしばしば彼らを乾いた不毛な荒野に連れていった神に対して反抗的になり、いらだち、しばしばエジプトに戻りたいと願った（例、出一五・24、一六・2—12、一七・3、民一四・1—38、同16—17、申一・27、詩一〇六・25参照）。パウロはまたイスラエルの民がそのつぶやきの結果受けねばならなかった罰を伝えていて、ここでは特に民数記一四章や一六—一七章について考えているように見える（民一四・29、一六・31—33、同41—50〔一七・6—15〕、詩一〇六・25—26の「またその天幕でつぶやいた……。そのとき彼〔＝神〕は彼らを滅ぼそうと誓った……」参照）。ここでパウロは、罰そのものとしては、ここでは「死の御使い」の作用なるものを指示し、死の御使いの行為なるものを指示する（これに「彼らは死の御使いによって彼らは滅ぼされた」という結末が伴なう10節）。パウロはこの死の御使いの姿（字義通りには「殺人者、根絶者、堕落させる者」）で出エジプト記一二章23節（ヘブ一一・28参照）にある、神の命令でエジプトびとの中の初子たちを殺し、イスラエルの民の初子は生かした死の御使いを思わせようとしているとしか考えられない。しかし、後代のユダヤ教の伝承においては、この死の御使いはイスラエルの民自身が荒野で出会った不幸とも結びつけられている。参照してほしいのは、「ソロモンの知恵」一八章20―25節で、そこには民数記一六章41―50節（一七章6―15節）（コラ、ダン、アビラムの反抗による罰）からの物語が参照されていて、そこでは死の御使いは神の名においてイスラエルの民に罰を執行する者として「根絶する者」と呼ばれている。パウロはこのユダヤ教の伝承に賛同し、この死の御使いが多くのイスラエルの民を死に至らしめた者と考えている（サム下二四・16、歴上二・15、偽フィロン *Liber Antiquitatum Biblicarum*（聖書古代誌）一五・5参照）。パウロはさらにこの実例を挙げて、コリントびとに「つぶやく」ことのないように、つまり神に逆らい、神の御力に疑いを抱かないように呼びかける。

パウロはイスラエルの民の荒野の旅の物語からの先例によって、コリントの読者たちに「警告」しようとする（6節aと11節a。ヘブ三・7―四・13参照）。コリントびとが神に忠実であり続け、かつてイスラエルの民が荒野でしたように、偶像崇拝のあれやこれやに身をゆだねないことが大事なのである。コリントのキリスト者たちが正しく生きることは、彼らが「終りに臨んでいる時の中に生きている」ゆえに、非常に重大なことなのである（字義通りには「時の終りに臨んでいる」人々として）。「時の終り」という表現については、『シビュラの託宣』八、三一一、マタイによる福音書一三章39―40節、49節、二四章3節、二八章20節、ヘブル人への手紙九章26節を参照してほしい。パウロにとって、キリスト者たちはイエス・キリストの死と復活以来もう「諸時代の終り」に生きている人たちなのである（Ⅰコリ七・26―31、ロマ一三・11―12、Ⅱコリ五・17、ガラ六・15、Ⅰテサ四・13―五・11参照）。彼らがまことのキリスト者として振る舞い、イエス・キリストの恵みで救われており、救済を受けることになっていることを充分自覚し、「わたしたちの主イエス・キリストの日」（一・8）が近いのを充分認識する者として振る舞うことが大事なのである。逆の振る舞い、つまり異教世界への逆戻りは「神の国を嗣ぐことはない」（六・9―11）のである。

パウロは12節で読者たちにもう一度彼が心にかけている事をすっかり明らかにする。「だから堅く立っていると思う者は、倒れないように気をつけるがよい」。イスラエルの民はみな選ばれた民に属しており、彼らはみないわば「洗礼を受け」、いわばみな共同のキリスト者の「食事」にあずかっていたのである。しかし彼らは不信仰になってしまい、偶像崇拝に身をゆだね、その結果多くの者が荒野で死んでしまった。そのことはキリスト者たちにも起こりうるのである。すなわち、コリントのキリスト者たちもその高慢さによって自分は「堅く立っている」と思いがちだからである（ロマ一一・20、一四・4、Ⅰコリ一五・1、一六・13、Ⅱコリ一・24、ガラ五・1、ピリ一・27、四・1、Ⅰテサ三・8参照）。また彼らは信仰者たちのグループの中で有力者になっているが、しかしその高慢さのために、ひとたび救いを受けたという確信を持っていない。それゆえコリントびとは「倒れないように」、つまり神に対して不真実にならないように、どんな罪にも身をゆだねないようにいつも気をつけねばならない（同じ語義の「倒れる」については、ロマ一一・11、22、一四・4、黙二・5、第二クレメンス二・6を参照）。勘違《かんちが》いに基づく確信はつねに危険である。参照してほしいのは「イエス・シラクの知恵」一章30節の「あなた自身を台の上に置いてはならない。あなたは倒れて恥をかきかねないからである」。コリントびとも、偶像崇拝や「悪を欲する」ことから生まれるいかなる悪い行いにも身をゆだねないように気をつけねばならない（6節）。

しかしパウロは、キリスト者たちもその生活において多くの「試練を耐え抜かねばならない」（13節）のをよく知っている。荒野におけるイスラエルの民はその試練にさらされざるをえなかった。つまり、彼らは規則的に神によって「試みに遭わせられた」。その際彼らは神に誠実であり続けるまことのイスラエルの民であることを証明せねばならなかった（出一六・4、二〇・20、申一三・3、ソロ知一一・9参照）。しかし、パウロはここで、〈神は信仰者たちに神への忠誠さを試験《テスト》しようとされるような御方ではない〉と歯切れのよくないことを語る。神が試験するという考えは、しばしば旧約聖書・ユダヤ教・初期キリスト教において見られる。またこれは、抑圧・迫害・災難・他の外部の事情であって、信仰者たちはこれに耐えて神への真実を証しするというのではない。ここでは全く別の事柄、つまり罪と不信仰へいざなうもろもろの誘惑のことであり、このもろもろの誘惑は互いに密接にかかわり合い、その背後に悪魔、サタンがひかえている誘惑のことである（Ｉコリ七・5の「あなたたちをサタンが誘惑しないよう〔字義通りでは、「試みる」ことがないよう〕に、またあなたたちの自制力がなくならないように」参照。ガラ六・1、Ｉテサ三・5）。悪魔はこれをもって人間の内なる欲望をもてあそんで、罪を犯させる。より具体的に言えば、悪魔は生まれながらの人間に固有な欲望をもてあそぶのである。「悪への欲望」（6節参照）、つまり悪魔によって供給される欲望は、人間にとっては誘惑なのである。人は誘惑に対して「倒れない」ために身を守らねばならない（12節参照）。これと同じ考えは、テモテへの第一の手紙六章9節に記されている。「富むことを願い求める者は、誘惑と、わなとに陥り、また人を滅びと破壊とに沈ませる、無分別な恐ろしいさまざまの情欲に陥るのである」。またヤコブの手紙一章12—15節に「……だれでも誘惑に遭う場合、『この誘惑は、神からきたものだ』と言ってはならない……人が誘惑に陥るのは、それぞれ欲に引かれ、さそわれるからである……」と記されている。

しかし、パウロはコリントの読者たちに直接に励まして、彼らの受ける誘惑は「人間を超えた」ものではないことを知らせる。その誘惑は、多くの人々の生活を悩ませるが、人々が耐えうる限度を越えないものなのである。神はそれを許さない。神は「信頼できる」御方であり、民に対して配慮してくださり、そのような人間の限度を越える誘惑を許さない（申七・9、三二・4、イザ四九・7、ソロ詩一四・1、一七・10、Ⅰコリ一・9、Ⅰテサ五・24、Ⅱテサ三・3、イグナティオス『トラレスへの手紙』一三・3参照）。このように神は、人間の欲望からくる誘惑、そそのかしがコリントびとの力を超えないように配慮してくださる（13節b）。

さらに神は、コリントびとが試みられる時、「助け」（つまり逃げ道、救助）の御手を差し伸べ、それによって彼らがその試練に耐え抜けるよう配慮してくださる（13節c）。ここには字義通りには、神は「試練と同時に逃れる道をも備えてくださるであろう」と記されている。しかし、この表明を、

〈神は助けてくださるだけでなく、試練に対しても責任がある〉というように解釈してはならない。「同時に」という言葉は、「備える」という動詞と関わらず、また主語（神）とも結びつかず、独立した名詞「逃げ道」と結びつくのである（「それと共に」、「同時に」のこれと同じ用い方は、例、ロマ八・32参照）。すなわち、試練はほかから来るのであり、助けは神から来るのである。神は「信頼すべき」御方であるから、コリントびとが受ける試練に負けないように配慮してくださる。神は「逃れ道」を備えてくださるであろう（「逃れ道」という語の適切な理解のためには、プルタルコス *Pyrrhus*（ピュロス）二三〔列伝三九八E〕の「船乗りのように、彼は難破の逃げ道をさがす〔つまり、例えば海岸にたどりつくことによって助かるための解決策をさがす〕」参照）。パウロはこの「逃れ道」を備えるという励ましの言葉でもって、この章節を締めくくるのであるが、この章節では旧約聖書に基づいて、コリントびとに対して、悪を欲望せず、偶像崇拝を追いもとめず、彼らが受ける多くの試み、試練に抵抗するように呼びかけている。

偶像崇拝の危険

一〇章

14
だから、愛する人たちよ、偶像礼拝を避けなさい。
15
あなたたち賢明な人たちに訴える。このようにわたしが言うことを、自分たちで判断しなさい。
16
わたしたちが神をほめたたえ、感謝を言う杯は、互いにキリストへの信仰にあずかる交わり、その血が働いたものではないか。わたしたちがさくパンは、互いにキリストへの信仰の交わりをし、そのおからだの力が働いたものではないか。
17
一つのパンであるから、わたしたちは、多くの人と共にいても、一つのからだなのである。わたしたちはその一つのパンを食べ、みなが一つの共同体をつくるためだからである。
18
ユダヤの民のことを考えて見るがよい。供え物を食べる人たちは、その祭壇奉仕にあずかる共同体をつくるではないか。
19
では、なんと言おうか。偶像にささげた食べ物は、なにか意味があるのか。また、偶像は何か意味があるのか。
20
そうではない。そうして人々が供える物は、悪霊どもに供えるのであり、神に供えるのではない。

そしてわたしは、あなたたちが悪霊に仕える人たちと交わりをすることを望まない。
21 あなたたちは、主の杯をいただきながら、悪霊どもの杯を飲む人たちではない。あなたたちは主
の食卓にあずかりながら悪霊どもの食卓にあずかることはできない。
22 それとも、わたしたちは主を妬ませようとするのか。いったい、わたしたちは主よりも強いのか。

パウロは八章において、偶像に供えられた食物を食べること自体は悪ではないことを指摘し、ただ同信の仲間がそれによって困惑に陥り、その信仰から脱落しかねないおそれがあるときには、偶像に供えられた食物を食べるのを断念すべきであると述べた。隣人の救いは、確かに人が食べたいものを食べる自由よりも重要なのである。その際パウロは、偶像への供え物を非公式の儀式の席で食べることについて考えている。

ここ一〇章14―22節では、キリスト者たちが公式の異教の祭りの際に偶像への供え物を食べる問題が取り上げられる。パウロによれば、それは偶像崇拝の形式であるゆえに、すべての場合に望ましくない。彼はコリントの読者たちにその件について納得させるために、まず一〇章1―13節において荒野におけるイスラエルの民の実例を示した。それは次に、偶像崇拝を断ち切ることを迫る彼の呼びかけに導く（14節。7節参照）。彼らが「偶像」を礼拝するための公式の儀式集会、つまり公式の異教の（神殿内の）祭りで執り行われる、偶像への供え物を食べてはいけないという判断を含んでいる。なぜなら、偶像の存在やその供え物に意味があるわけではないが（19節。八・4参照）、しかしそれ

は異教の人々と一緒に偶像崇拝をすることになるからいけないのである（20節）。まさにキリスト者たちは、主の栄光の食事を共に食べ、あずかるとき、キリストとキリストの死の救いのわざを信じる人々の共同体を形成している（16―17節）。また、ちょうどユダヤ人たちが祭壇にささげられた食物を共に食べるときは、神を信じる人々の共同体を形成しているが（18節）、それと同じであり、またパウロがコリントびとに指摘するように、主の栄光の食事にあずかり、キリスト者たちと共に共同体を形成する者が、公式の異教の祭式にも参加し、偶像崇拝をする異教徒の共同体に加わることは全くありえないことである（21節）。それは二者択一なのであり、一方を選ばねばならない！　もしコリントびとがあれこれの異教の宴会にあずかるならば、彼らはまるで神を「妬ませ」る（つまり、偶像神に対して）ようなことをして、神から罰せられるであろう（22節）。パウロは、コリントびとが良識さえあれば、自分の正しさは認められるであろうという考えから出発している（15節）。

偶像崇拝のあらゆる形式に身をゆだねて、神によって罰せられた荒野でのイスラエルの民の実例の導くままに、パウロはコリントの読者たちに偶像崇拝を避けるよう呼びかける（14節）。使徒はここでコリントのキリスト者たちとの堅い絆を強調するため、さらに自分の真剣な勧告を強調するため、使徒は「わたしの愛する者たちよ」と語りかける（四・14、一五・58、Ⅱコリ七・1、一二・19、ピリ二・12、四・1参照）。

偶像崇拝へのこうした一般的な警告の内容、つまり偶像への供え物を食べる問題を扱った八章1節から一一章1節の部分の趣旨を、使徒は以下の諸節で明らかにする。ここで賢明なコリントの読者たちはこの章節で彼が語った事柄について正しい判断力を働かせてくれるであろうと、彼は語りはじめる（15節。一一・13、一四・20参照）。パウロは「賢明な人々」と語ることによって、彼らの心をかちとろうと試み、また彼らがパウロを正しいと認め、彼らにパウロが求めていることを行なうよう望む。

パウロは、公的儀式での偶像崇拝で、偶像への供え物を食べるのは避けるべきことをコリントびとに明らかにするために、二つの実例を挙げる。第一にその際の中心思想は、共同の食事を祝う人々は友人たちであり、同意見の人々であるというものである。共同の食事をすることはその食事への参加者に連帯感を生み出す程度のことではなく、まさに既成の連帯感の表明というべきことなのである。仲間や同意見の者たちは、しばしば共同の食事をするために互いに集まった（また集まる）。こうした共同の食事の役割や重大さについては、パウロが生きていたヘレニズム文化においても普遍的な意識であった（「イエス・シラクの知恵」六・10の「何人もの人があなたの友人であって、共に食卓につく」参照。さらに例えば、プルタルコス *Moralia*（倫理論集）六四二F―六四四D、七〇七C―七〇九C参照）。

パウロはこの章節において、「交わり」（コイノーニア）というギリシャ語、また「盟友」や「共同者」（コイノーシス）というギリシャ語を用いて、共同の食事の際の連帯感を表現する。これらの言葉は、それぞれ社会的関係に用いられ、例を挙げると、事業での共同者、特定のクラブや同業組合の会員、あるいは結婚した夫と妻などに用いられる。使徒は例えばガラテヤ人への手紙二章9節でこの概念を生かしている。そこではかつてヤコブ、ケパ、ヨハネが、彼とバルナバとに対して「親愛の手」（字義通りには「交わりの右手」）を差し伸べたことが語られている。それによって、エルサレム教会の三人の「支柱」（指導者）と、アンテオケ教会の指導者たち（パウロとバルナバ）との間の結合が堅固にされたのである。「共同体」という概念は、ある事柄やある人に対する互いの共通の利害（あるいは「関連累項」）を持つ二人、あるいはそれ以上の人々に関係している。この「ある事柄」や「ある人」は、普通名詞の属格を用いて「共同体《コイノニア》」という言葉と、16節、18節、20節でのように結びつけられる。例としては、エピクテートス *Dissertationes*（語録）三、二二、六三の「彼は王笏《しゃく》と王位については仲間であるにちがいない、つまりそれらは王位にあずかる仲間である」（さらに例えば、ピレ6、ベン・シラ六・10、フィロン *De specialibus legibus*（特殊律法）一、二二一、ヨセフス *Antiquitates Judaicae*（ユダヤ古代誌）四、二〇四、クセノフォン *Memorabilia*（ソクラテスの思い出）二、一、三二、トゥキュディデス *Historiae*（戦史）七、六三、四、プルタルコス *Moralia*（倫理論集）四五E、一四九F、七〇七C、七〇八D、七五二A、同上 *Brutus*（ブルートゥス）一三、七〔列伝九八九F〕、同上 *Artaxerxes*（アルタクセルクセス）一八、六〔列伝一〇二〇C〕、ディオゲネス・ラエルティオス *Vitae philosophorum*（哲学者たちの生涯）七、一二四参照）。

16—17節と18節の二つの例（キリスト教会の共同の食事と、ユダヤ教における祭壇に供えられた食物の共同の食事）において、パウロは偶像をほめたたえる公式儀式の食事に際して偶像への供え物を食べるのをコリントびとに思いとどまらせるために、共同体や連帯の考えを中心にして論ずる。まず彼は毎週日曜日の夕方にイエス・キリストの死を想起して会食するキリスト者たちの慣行を示す（さらに一一・17―34参照）。使徒はこの共同の食事を「わたしたちが神をほめたたえ、感謝を言う杯」、また「わたしたちがさくパン」（16節）と言い換える。この表現から、初代教会の共同の食事は、「主イエスが引き渡された夜に」弟子たちが主イエスと行なった最後の晩餐の印《しるし》となっているとわれわれは結論できる（一一・23―26）。これはパウロがここで杯をはっきりと「キリストの血」に、パンを「キリストのからだ」に結びつける事実からも明らかである。それにもかかわらず、パウロはここではまずもう一つの事柄、いっしょに食事をするときのキリスト者たちの一体性と連帯性を取り上げる。それゆえ、彼は伝統的な順序、つまりパン‐杯／ぶどう酒の順序（Ⅰコリ一一・23―25、マコ一四・22―25、マタ二六・26―29。参照、ルカ二二・14―20）を入れ換えて、杯‐パンの順序にして続く17節で語られる内容によりよくつながらせようとする。

ぶどう酒とパンとはとにかく共同の食事に際して重要なものであったが、最も重要なものではなかった。ユダヤ人たちやキリスト者たちは、食事のはじめにこの世界の一切の創造主、保持者としての神をほめたたえ、神が与えてくださる食事に感謝をささげるのを常とした。家の主人、つまり客人をもてなす者、あるいは大事な客人たちの一人がそうした感謝の祈りを捧げた。これは初期キリスト教の伝承によれば、主イエスが弟子たちとの最後の晩餐のときに行なったものであった（一一・24参照）。この賛美、祝福、感謝が、パウロがここで〈わたしたちが神をほめたたえ、また感謝を言う〉「杯」と言い換えている内容である（ここは字義通りには、「それによってわたしたちが〔神を〕たたえる〔杯〕」、あるいはしばしば訳されているように「わたしたちが祝福する祝福の〔杯〕」）。それゆえ、キリスト者たち自身が杯を、つまりその内容を「祝福する」ことでもなく、また彼ら自身が自分たちを祝福することを神に求め、それによってぶどう酒がある仕方で変化し、例えば特定の魔術的な効果を手に入れるのを神に求めることでもない。ここで「祝福する（たたえる）」は、神に感謝することにほかならない（ディダケー九・25の「……杯について言えば、わたしたちはわたしたちの御父なるあなたに、杯について感謝する……」参照）。パウロがここで用いる「祝福する（たたえる）」という言葉（ギリシャ語の「エウロギア（eulogia）」と「エウロゲイン（eulogein）」）は、普通「感謝する」（ギリシャ語の「エウカリスティア（eucharistia）」と「エウカリステイン（eucharistein）」）と訳される言葉とともかく大部分は同義である。これらの「祝福」と「感謝」という言葉は、しばしば同じ文脈で互いに類似した意味で用いられる（例、Iコリ一四・16、マコ一四・22—23、マタ二六・26—27、黙七・12、さらにトマス行伝二九、四九章では、「感謝のパン」と「祝福／称賛のパン」について連続して語られている）。

パウロは16節で、キリスト者の共同の食事の際に食されたそのパンを、「わたしたちがさくパン」として性格づける。さらにそのパンは、主イエスが最後の晩餐のときに行った事を再び思わせる（一一・24参照）。さらに今われわれは、共同の食事のときにキリスト者たちによってパンがさかれることとは、主イエスのこの最後の晩餐の印《しるし》であったことを再び認めることができる（使二・42、46、二〇・7、ディダケー一四・1、イグナティオス『エペソ人へ』二〇・2参照）。

パウロが16―17節においてコリントびとの心にとりわけ刻みつけようとした事は、キリスト者たちの共同の食事は共同体を内包していること、つまりこの共同の食事への参加者たちの間の強力な靭帯を内包していることである（使二・42参照）。パウロは、杯からぶどう酒を飲みパンを食べることは、キリストを信じ彼の血とからだがもたらした十字架の恵みにあずかるキリスト者たちが互いに形成する信仰共同体に対する象徴であると指摘し、表明する（16節）。これは字義通りには「杯は……キリストの血につながる交わりではないか。パンは……キリストのからだにつながる交わりではないか」となる。

パウロはこの表現でもって、この共同の食事に際して、キリストあるいは彼の血とからだが何らかの仕方で現臨すると語ろうとするのではない。またあたかもキリスト者たちが主の血とからだでもって全体を形成するかのような、また主の血とからだでもって交わりをしようとすることを語ろうとするのでもないであろう。さらにあたかもキリスト者たちがこの共同の食事で主の血とからだを文字通りにいただくかのような考え方は、このテキストと無縁である。そのうえ、信仰者たち（ユダヤ教徒・異教徒・キリスト教徒）が彼らの神を（供儀の）食事に際して「食した」という考えは、パウロの教養では、考えられない現象であった！ パウロは16節のこうした言葉でもって、キリスト者たちは彼らの共同の食事によって、互いに同信者である信仰共同体を形成すること、そのことがキリストの血とからだとに関わることを語りたいだけなのである。つまり、そのことが、イエス・キリストの死への彼らの信仰に関わるのを語りたいのである。キリストの「血」と「からだ」は、パウロにおいては一度ならずイエス・キリストの死とそれに続く信仰者の救いを指しているが、その例が、ローマ人への手紙五章9節の「……わたしたちはキリストの血によって今は義とされている……」、また七章4節の「……あなたたちはキリストのからだを通して律法に対して死んだのである……」（ロマ三・25、Ⅰコリ一一・24—25、27参照）である。したがってコリント人への第一の手紙一〇章16節における「キリストのからだ」は、多くの注解者たちが考えるような「教会」のことでなく、「キリストの血」とある並行句が示しているとおり、キリストの死を指し示す。要約すれば、共同の食事に際して、キリスト者たちは共同体を形成する。彼らは「十字架につけられたキリスト」（Ⅰコリ一・23、二・2）への信仰において互いにつらなっている。これこそが16節でパウロの主張することの要旨なのである。

パウロは、キリスト者たちが彼らの共同の食事において印《しるし》づける信仰の一致を例証するためになお17節で共同の食事のときにさかれるパンを指し示す。彼は「パンが一つだから、わたしたちは一つのからだなのである」と指摘する。この「からだ」は、16節で語られた地上のイエスのからだを指すのではない。この「からだ」は、キリスト教の信仰共同体の比喩である。つまり、使徒がしばしば用い、とりわけ一二章で取り上げる比喩である（一二・12―27、さらに六・15、一一・29、ロマ一二・5、エペ一・23、二・16、四・4、12、16、五・22―23、コロ一・18、三・15参照）。「からだ」としてのキリスト者の信仰共同体（教会）の比喩は、非常に適確な言い方でキリスト者たちの一致を表現する。この一致と連帯性は、ここでパウロによってもう一度「一つ」という小詞を付け加えることによって特別に力説されている。つまり、キリスト者たちは互いに一つのからだをなしている（一二・13も参照）。またパウロの考えるように、これは、「一つのパンであるから」という事態である。彼は無論、文字通りに共同で食べるパンが会食者全員にただ一個用いられるということを言っているのではなく、誰もがパンを食べる、あるいは同じ種類の食べものにあずかるということである（Ｉコリ一〇・3―4参照）。いっしょに一つの食卓につき、同じ食べものを食べることは、その食事への参加者の一致と連帯感を強調している。参照してほしいのは、例えばダニエル書一一章27節の「この二人の王たちは一つの食卓に座り、共に食して偽りを語るが……」やフィロン *De specialibus legibus*（特殊律法）三、九六の「……友人として同じ食卓につくために互いに座った人々……」やディオゲネス・ラエルティオス *Vitae philosophorum*（哲学者たちの生涯）八、三五の「かつては友人たちは食事をするために定期的に集った」や、イグナティオス『エペソ人へ』二〇・2の「……あなたたちは一つの信仰において集まり……一つのパンをさく……」などである（さらに参照、フィロン *De specialibus legibus*（特殊律法）一、二二一、プルタルコス *Moralia*（倫理論集）一四九F、三二九E、七三六D）。

パウロはからだとしてのキリスト者の交わりの表象が湛《たた》えている内容、つまりキリスト者たちの一致と連帯性をコリントびとにわからせるために、説明として次のもう一句「わたしたちはみなが一つのパンを食べ、一つの共同体をつくるためだからである」（17節ｂ）をつけ加える。この小句節は大抵の翻訳では次のように訳されている。「わたしたちは、みんなの者がその一つのパンにあずかるからである」。しかしこの訳は——文法的に見ると——問題のある翻訳である。パウロがここで用いる動詞は事実、（何かに）「参与する」という何らかのことを意味しているが、しかしあずかるべき「あるもの」は属格に置かれ、時折対格に置かれる（パウロ自身でもそのように用いている。Ｉコリ一〇・21参照）。またこの動詞はここで見られるように（字義通りには「パンを」）決して前置詞のついた構文では用いられない。するとパウロはこの動詞をここで「絶対法」で用いているのではないか。つまりその動詞は独立しており、他の部分と意味において直接に結ばれていないように見える。「あずかる」というこの動詞は絶対法を用いて、「仲間同志であり、互いに属し、互いに参加する」ことを意味し、またこの動詞はギリシャ語文献の中にある度数で現れる（ヘロドトス *Historiae*（歴史）一、一四三、三、同上八、一三二、二、プルタルコス *Moralia*（倫理論集）六四Ｄ、*Galba*（ガルバ）一九、七〔列伝一〇六一Ｅ〕参照、また様々な碑文やパピルスに現れる。例えばマグネシヤ〔一一六、15—16行〕の碑文や、またプトレマイオス・フィラデルフォスの伝承法典の本文〔一四、9—11行〕などに見られる）。こうして見るとこの動詞は、パウロが16節、18節、20節で用いる（一つの）共同体をつくるという言葉と一部分同じ事柄を表現している。使徒が17節ｂで指し示す事柄は、キリスト者たちは「一つのパンから」、つまり「一つのパンを基礎に」、「彼らが一つのパンを食べるという事実を基礎に」、互いのものであり、同志であり同じ思いの者たちの交わり〔共同体〕をつくり、十字架に付けられたひとりのキリストを信じる者たちの共同体をなしていることなのである。そして彼はこれをもってコリントびとのために、キリスト者たちは共同で食べる事によって「ひとつのからだ」をなしているという彼の注意事項を説明する。使徒がこの全句節において扱っているのは、つまり、多少とも公式の関わりで食事を共にする人間たち（それがキリスト者・ユダヤ教徒・異教徒であろうと）は、自分たちの神への信仰によって相互に結びついた信仰者たちの共同体を形成し合うのだということである。

パウロはコリントびとに、彼らが共同の食事をするときに互いに形成する共同体について指摘（16—17節）した後で、18節において二つ目の実例を語る。ここで彼は「ユダヤの民」を示す（「ユダヤの民」は字義通りには、「肉のイスラエル」、つまりイスラエルの民に属する者たち。またここでは特にパウロの時代のユダヤ人たちを示す。ロマ九・3—4「……わたしの兄弟たち、わたしの肉による同族……イスラエルの民……」参照）。パウロの主張するように、ユダヤ人たちもまた彼らが供え物を共同で食べるとき、「祭壇にあずかる共同体」を形成するのである。彼らもまた機会あるごとに祭司たちによって神に供えられた食物を食べることがゆるされた。参照してほしいのは、レビ記七章11—15節と特にフィロンの *De specialibus legibus*（特殊律法）一、二二一である。このユダヤ人著述家フィロンはその書物の中で、〈神はユダヤ人の供え物の食事の場合に、供え物はみんなの自由な裁量に任せておられる〉と述べている。つまり、誰でも祭壇への供え物を共同で食べてよいのである。「誰でも同じ食卓にあずかるのである」。だがパウロがここで取り上げるのは、互いに「祭壇にあずかる共同体をなす」ということである。字義通りに訳せば「彼らは祭壇に関しては同志である」(共同体という概念について、またその概念がギリシャ語でどのように語られているかについては、16節を参照のこと)。この「祭壇」は、祭壇礼拝のこと、つまりユダヤ人の神礼拝式を指す。換言すれば、ユダヤの民が共同で(供えられた)食物を食べるときは、キリスト者と同じく、同じ思いの集まりをなし——ユダヤ人の場合には——天と地の創造者としての彼らの神を礼拝する人間たちの集まりをなす。

パウロは16—17節でのキリスト者の共同体と、18節でのユダヤ人の共同体についての二つの実例をあげて、コリントの読者たちに向かって彼らの町での特定の祭典儀式に参加しないよう警告をこころみている。異教の神をたたえてささげられた異教の神々への供え物を食べることは避けねばならない。なぜなら、そのときにはコリントのキリスト者たちは異教徒たちの共同体に加わること、つまり、偶像崇拝の領域での「同志たち」、「共犯者たち」になるわけだからである。

パウロは、そのような食事はそんなにひどい悪ではないのではないかという、コリントびと側からの予想される反論をあらかじめ論破するために、この種の異教の供え物を食べる事がどんなことかをより詳しく立ち入って論じる。彼はもちろん「偶像への供え物は何の意味もなく」、「偶像も何の意味もない」(19節)と思っていることを認める。彼はすでに八章4節において同じような事をはっきり語っている。「わたしたちは、偶像なるものは実際には意味のないのを知っている……」。コリントの特定のキリスト者たちがこれを楯にとって、どこでも随意に偶像への供え物を食べるために、自分たちの振る舞いを擁護することは充分考えられることである。つまり、偶像なるものは存在しないのだし(「唯一の神のほかに神はない」Iコリ八・4)、だから偶像への供え物にも特定の価値などは何もない！と。

これ自体ではパウロも同意見であるが、公式の儀式とのつながりのある異教の食事、例えば異教の神々奉賛の、異教の神殿での祭典のような場合のことをここで語ろうとする。「彼ら(＝異教徒たち)がそのとき供えるものは、悪霊に捧げているのであって、神にではない」(20節a)。異教の公式の祭典での供え物の食事にあずかる間、そこでは偶像の神々、あるいは「悪霊」が崇拝されているのである！パウロはここで申命記三二章17節を示唆しているのではなかろうか。その申命記ではイスラエルの民について、「彼らは悪霊どもに(あるいは、悪い諸霊)に、彼らが知らない神々、新手の神々に捧げていて、イスラエルの神に捧げていない」と語られている(バルク書四・7の「あなたたちは、神に捧げずに、悪霊どもに捧げものをすることで、創造主なる神を怒らせた」参照。さらにレビ一七・7、詩一〇六・37参照)。異教の神々は「何も意味をもたない」とはいえ、ユダヤ人もキリスト者もこれらがある意味では「存在している」ことを無論放置しておくわけにはゆかない(八・5参照）。彼らは、確かに世界には種々雑多な「諸霊」があり、よい霊と悪い霊が人々の中でうごめいてさえいる。異神どもと偶像の背後には異教徒たちによって崇拝されるその種の悪霊どもが潜んでいるにちがいないと彼らは考えていた。すでに旧約聖書のギリシャ語訳の七十人訳において、詩篇九六篇5節で「異教徒の民のすべての神は悪霊たちであるが、主なる神はもろもろの天を創造された」とある。さらに例えば、ヨベル書一章11節、第一エノク書一九章1節、九九章7節、ヨブの遺訓三章3節、フィロン *De vita Mosis*（モーセの生涯）一、二七六、使徒行伝一七章18節、ヨハネの黙示録九章20節、バルナバの手紙一六章7節、フィリポ行伝一三六、ユスティノス *Dialoog met de Jood Trypho*（ユダヤ人トリュフォンとの対話）三〇・3、五五・2、七三・2を参照。

偶像崇拝と悪霊崇拝とは、このように同じ避けるべき事柄の二側面であった。パウロはそれゆえコリントびとが「彼ら（＝異教徒たち）と共に悪霊どもに仕える共同体をつくる」ことをさせたくないと知らせて、20節を締めくくる。ここは字義通りには「……悪霊に関しては同志である」とある（「共同体、交わりの概念、そのギリシャ語での構成については16節を見よ」）。「悪霊たち」という言葉は、ここでは悪霊礼拝、悪霊崇拝を言う。16節の「キリストの血」と「キリストのからだ」という言葉は、キリストへの信仰、またキリストの血や彼のからだが及ぼす恵みへの信仰を言い、18節の「祭壇」は祭壇礼拝を言う。換言すれば、パウロはコリントびとが偶像崇拝や悪霊崇拝に関わらせられるのをやめさせたい。だから彼は、彼らが異教の公式儀式で供えられた食事を異教徒たちと共に会食させたくないのである。

パウロは21節で読者たちに簡潔にまた力強く呼びかけてこの章節を要約する。すなわち、「あなたたちは主の杯を飲み、また悪霊どもの杯を飲むことはできない。主の食卓で食べ、また悪霊どもの食卓で食べることはできない」。あるいは、キリスト者たちは、主の死の記念のために同信の人々と共に共同の食事にあずかるのであって、別の機会に異教徒たちと共に、異教の偶像神をたたえて供えられた食事にあずかることはできない。唯一の神（あるいはキリスト）に仕え、偶像にも仕えることはできない！（Ⅱコリ六・15―16参照）。

われわれはここでの「杯」については、キリスト者の共同の食事の際のぶどう酒について、また同じく異教徒の偶像への供え物の食事の際のぶどう酒について、当然考えるにちがいない。使徒は、「食卓」でもってイエス・キリストを想起してキリスト者たちによって食される「主の食事」での食事を指し示すし、また異教徒たちによって彼らの神々の栄誉のために食される「悪霊たちの食卓」での食事を指し示す。旧約聖書によれば、幕屋において、後代には神殿において、「食卓」、つまり供えのパンの机、食卓が置かれ、すべての祭司たちはそのパンを食べることがゆるされた（例、出二五・23―30、レビ二四・5―9、王上七・48、Ⅰマカ一・22、四・49、51。第一クレメンス四三・2、ユダの遺訓二一・5参照）。さらにまた祭壇も「（主の）食卓」と呼ばれている（エゼ四四・16、マラ一・22、四・49、51、レビの遺訓八・16参照）。さらに異教徒たちの神々のためにもその神殿に「食卓」があった（例、ヘロドトス *Historiae*（歴史）一、一八一、五、同一、一八三、一、ディオドーロス・シケロス五、四六、七参照）。パウロの「食卓」という語の使用は、主の食卓と同じような食卓のイメージで用いていると思われる。彼が「主の食卓」と「悪霊どもの食卓」とを祭壇のようなものとして見ず、そこで人々が同じ思いを抱く者たちと一緒に食べる食卓として、つまりキリスト者たちがキリストの死への想起のうちに食する食卓として、あるいは異教徒たちが異教徒の神々を崇拝して食べる食卓として見ているのである。さらに「食卓で食べる」という表現（あるいは、「食卓にあずかる」）は、パウロの時代では、ユダヤ人や異邦人のもとで周知の表現であった（フィロン *De Josepho*（ヨセフについて）一九六、プルタルコス *Brutus*（ブルートゥス）一三、七〔列伝九八九F、七〇七C〕参照。ディオドーロス・シケロス四、七四、二、〔偽〕ルキアノス *Cynicus*（キュニコス派）七、ベン・シラ六・10参照、プルタルコス *Moralia*（倫理論集）一四九F、七〇七C）。

それゆえ「主の食卓」とは、パウロにとっては、キリスト者たちが堅固な信仰共同体として、主イエス・キリストを信ずる者として、共同の食事にあずかる食物を載せる食卓である。またその場合、その食卓は彼らがかつて「悪霊どもの食卓」に座り、異教徒たちとともに、最前まで偶像に供えられていた食物を一緒に食べたもう一つの食卓とは無論ちがう。神と言われるものはどれも、自らの「食卓」を持つのであり、キリスト者は一つの食卓以上の多くの食卓にあずかることはできない。

ユダヤ教と初期キリスト教において、この他にもこの主題に直面するのであり、（ユダヤ人）パウロはここでもユダヤ教の考え、また当時の諸見解から強く影響を受けているであろう。同じ主題のよい事例は、ユダヤ教の文書『ヨセフとアセナテ』にある。それは紀元一世紀頃に書かれ、波乱に富んだ筆致でヤコブの息子ヨセフとエジプト人アセナテとの結婚について語られている（創四一・45参照）。この文書の著者はアセナテの改宗について入念に物語る。二人は結婚を願うので、アセナテは当然ユダヤ人の信仰に改宗せねばならない。著者はヨセフに次のように言わせる。「神をうやまい、生ける神をたたえ、生命を与える祝福されたパンを食べ、不死を与える祝福された杯から飲む者は……口のきけぬ偶像をほめたたえ、その食卓から臭いパンを食べ、また……わなである杯から飲む……他の民の女に口づけするのはふさわしくない」（一八・5）。さらにヨセフは神に向かって、アセナテの改宗を祈る。「主よ、わたしの父イスラエル〔ヤコブ〕の神よ、この妻を祝福し、あなたの聖霊によって彼女を新しくしてください……生命を与えるわたしたちのパンを彼女に食べさせてください。祝福を与えるわたしたちの杯から彼女に飲ませてください。そして彼女をわたしたちの民にならせてください」（一八・10―11）。またついにアセナテがユダヤの民の信仰に改宗したとき、神に向かって、彼女の以前の異教的な生活について彼女の悔恨を次のように告白する。「主よ、永遠の神よ……わたしの口は偶像の供え物を食べ、エジプト人たちの神々の食卓にあずかることによって、汚されています。わたしは罪を犯しました、主よ……」（二一・1、5）。

異教徒たちは互い同志共同体をつくり、彼らの神の食卓から食べるが、ユダヤ人たちは別の共同体をつくり、彼らの「神」の食卓から食べる（フィロン *De vita Mosis*（モーセの生涯）一、二九八、*De specialibus legibus*（特殊律法）一、二二一、ヨセフス *Contra Apionem*（アピオンへの反論）二、一七四と一九六参照）。そしてユダヤ人たちで問題になるこのことはもちろんキリスト者たちにもあてはまる。キリスト者たちも互いに信仰共同体をつくり、同じ食卓から、「主の食卓から」（Ｉコリ一〇・21）食べる。つまり十字架に付けられたイエス・キリストを信ずる人たちによって食される食物を食べる。それゆえ、パウロにとって、この同じキリスト者たちが別の機会に異教徒たちと共に、公式の機会に異教の偶像をたたえる「悪霊どもの食卓」で食事を共にすること、つまり偶像のもとに運ばれ、その食物の授与者たるその偶像神が感謝を受ける食事を、異教徒と共にすることなどは考えられないことなのである。これと同じ見解は、初期のキリスト者の文書である偽クレメンスの *Homilieën*（説教集）七、四、二においてあからさまに言われている。そこでは読者たちに、神に仕え、「悪霊どもの食卓」から離れるよう呼びかけられている（七、八、一、同上八、二〇、一、同上八、二三、二、同上九、一五、一参照）。

パウロはコリントびとへ真剣な警告でこの章節を締めくくる。「悪霊どもの食卓」で食事することによっても、またそれによって偶像に仕えることによっても、キリスト者たちは偶像に対する「主」（すなわち、イエス・キリスト）の「妬みを引き起こす」（22節ａ）。ここでパウロは、イスラエルの神は他の神々が御自分のわきにあることが我慢できない、「嫉妬し」、「妬む」神である、という旧約聖書のよく知られた考えによって導かれていることは疑いない（出二〇・5、三四・14、申四・24、五・9、六・15参照）。さらに使徒は、民が偶像崇拝を犯して神が「妬んだ」ときに、イスラエルの民を襲った神の罰についても知っている（申三二・21、王上一四・22、詩七八・58参照）。

パウロは神（あるいはキリスト）の罰からコリントびとを免《まぬが》れさせたいともちろん願う。それゆえ彼らは、異教の神をたたえる公の祭典儀式に異教徒と共にこれに参加して食事をするようなことがあってはならない。それは偶像崇拝のかたちであるからである。それでもあえてそうする者は、およそ誰よりも「より強い」者とかかわることとなり、（22節b）――明白に言い切らないながらパウロの言おうとするところ――結果として違反者が受ける罰を受ける。文脈から明らかであるが、パウロはここでもイエス・キリストのことを考えている。そして伝統的に神の属性を有する神の御子（Ⅰコリ一・9）として考えている。神は全宇宙、全世界の創造者、保持者として「力強く」あるだけでなく、人々に判決を下し、必要ならば彼らを罰する裁き主としても力強い御方である（例、申一〇・17、ネヘ一・5、九・31―32、詩七・12、一四七・5、エレ三二・17―18、Ⅱマカ一・24、黙一八・8）。誰も神よりは強くないゆえに、誰も神の罰を逃れることはできない。人は神とはり合うことはできない（Ⅰコリ一・25、伝六・10、エゼ二二・14、ヨブ三七・23の七十人訳「われわれは神よりも強い者を見出さない」参照）。キリスト者も、主なる神がキリスト者に「嫉妬」するときには自分の主とはり合うことはできない。ということは、異教の神をたたえる公式の供儀の食事に加担してはならないのである（21節）。

異教徒を含め他者に関する責任

一〇章

23
すべてのことは許されている。だが、すべてのことがわたしたちのためによいわけではない！
すべてのことは許されている。だが、すべてのことが人を建て上げるものではない！
24
だれでも、自分にとって大切なものを求めないで、ほかの人の益を求めるべきである。
25
すべて肉市場で売られている物は、いちいち食べてよいか、いけないか意識して問わずに食べる
ことができる。
26
地はそれに満ちている物とともに、主のものだからである。
27
もしあなたたちを、不信者のだれかが招いて、それに応えようと思う場合、自分の前に出される
物はなんでも、よしあしを意識し問うことせずに、食べるがよい。
28
しかし、だれかがあなたたちに、「これはわれらの神にささげた肉だ」と言ったなら、それをあ
なたに告げた人のために、また食べてよいか、いけないかの意識のために、食べない方がよい。
29
それと言うのは、あなた自身の良心のことではなく、他の人の良心のことである。なぜなら、そ
の場合にわたしが食べたとして、わたしにある自由が他人の、食べてもよいか、いけないかにつ

いての意識の判断に左右されるのであろうか。
30 なぜわたしは、わたしの神に感謝して食べる場合、感謝しながら、どうしてそしりを気にするのだろうか。
31 飲むにせよ食べるにせよ、その他何事をするにも、すべて神の栄光のためにせよ。
32 ユダヤ人にもギリシャ人にも神の共同体にも、つまずきになるな。
33 わたしも生きる以上、すべてにおいて人ひとりひとりのためであり、自分自身の益ではなく、他のすべての人の益とし、彼らの救いを目当てにしている。

一一章

1 わたしがキリストの模範にならう者であるように、あなたたちもわたしにならう者になりなさい。

パウロは前の句節でコリントびとに、「偶像」をたたえての公式儀式の集会で偶像への供え物を食べることは偶像礼拝と見なされなければならないことを指摘した後、そういう食物を食べることが充分許容できる二、三の事例をここに挙げる。ただしパウロは、食べたいものを食べるキリスト者の自由は（8章参照）、こうした場合でも明白な限界があると指摘する。使徒はこの句節で、八章1節―一一章1節全体をこうして総括し、偶像への供え物を食べることについての論述を締めくくる。

使徒は彼によってすでに以前に引用されたコリントびとの「標語」、つまり一切は「許されている」という標語で始める。しかし、それと同時にパウロはここでも再びこの自由を制限する。すなわち、大切なのは、「許されている」事ではなく、「よい」事、「建て上げる」事なのである。つまり自分の益を先立てず、他人の益を第一に求めるのである（23―24節）。このこと自体は、なんでも食べてよいことを含んでいる。――しかしこれはすべて神からくるのである――（異教の）市場で買う肉や異教徒のもとで供されるすべての食物もである（25―27節）。しかし、もし異教徒の会食者が自分の神々に供えた食物をキリスト者が食べるのを気にするなら、自分の自由を一時断念し、それを食べるべきではない。キリスト者たちは食べるにも、彼らのなすすべての事は神の栄光のためになされるよう心を配らねばならないのである。キリスト者たちは、ユダヤ人であれ、ギリシャ人であれ、信仰の仲間であれみな等しく、ほかの人の救いに心を配らねばならない。使徒は自分にとってほかの人の救いが第一であり、とにかく自分にならってほしいと読者たちに呼びかけてこの章節を締めくくる（一〇・33―一一・1）。

パウロは供え物の肉という主題（八・1―一一・1）の締めくくりに当たって、「すべては許されている」（23節。六・12参照）という彼の読者たちに周知の標語をもう一度引き合いに出す。コリントのあるキリスト者たちは、この「標語」で、自分たちがしたいことをするという、自分たちの自由を擁護した（この自由観とその背景については六・12の注解参照）。この自由観は性的領域での振る舞いにも影響を及ぼした（五―六章参照）。それはまた偶像への供え物を食べることの問題に対する彼らの姿勢にも影響を及ぼした。つまり、「すべてが許されている」なら、無論なんでも食べてもよい、公式の儀式で偶像に供えられた肉も食べてもよいということになった！

パウロは、キリスト者は「自由」であることをコリントびとと共に認めてはいるが、六章と同じくここ一〇章でも、この自由には制限があると強調する。確かにすべては許されるが、「すべてのことがわたしたちにとって益になるわけではない」、「すべてのことが〔人の徳を〕建て上げるものではない」（23節）。人の振る舞いの規準になるべきことは、他者への「益」になるか、あるいは「建て上げる」かどうかにある（「益」という語については六・12参照）。さらに「益」である振る舞いについては、不品行の事例のように、関係する当事者自身に対して言われているのでなく（六・12参照）、ほかの人にとって「益」になる振る舞いのことである（33節、Ⅰコリ一二・27、ロマ一五・2参照）。人がその肉を食べてよいか、いけないかは、他者、つまり信仰の同志たちの「益」、さらに非キリスト者たちの「益」、あるいはなんらかの仕方で他者を「建て上げる」かどうかによって左右される。「建て上げる」のに貢献する事柄、つまり一般的には隣人とキリスト教会への（霊的な）福祉は、パウロにとってまず第一に重要な規準である。また使徒が考えるように、「建て上げ」は、愛によって他者に対して開かれた姿勢にから生まれてくる。しばしば他者を犠牲にしてゆく、抑制のない自由の衝動によっては、この建て上げは生まれない（八・1参照）。換言すれば、人は自分の利益から振る舞ってはならず、すべてにおいて他者の益のためでなければならない。「ほかの人の益を求めるべきである」（24節。33節参照）。それはまた真の隣人愛の特長であり（一三・5参照）、イエス・キリスト御自身の態度である（ロマ一五・1―3、ピリ二・48参照）。

パウロは、他者の「益」と「建て上げる」の規準に基づいて、もう一度、そうした肉を食べてよいか、いけないかの主題に立ち戻る。

彼がまずコリントの読者たちに「すべて肉市場《いちば》で売られている物は、いちいち食べてよいかいけないか意識して問わずに食べるがよい」（25節）と教える。パウロはその際、どの町の中心地にも必ずあった市場のこと、つまり建物集団のそばにある広場のことを指しており、これはとりわけ肉、魚、鳥肉などの良質の食料が販売された市場である。普通そうした食料はかなり裕福な人々によってだけ購入されたが、家族の祝いなどの特定の機会には一般の人々によっても購入されることがあった。その肉や魚は、裕福な人たちにとってさえ、日常の食べ物ではなかったのである。市場《いちば》で売られる肉は、市場で屠殺処理されたのでなく、どこか別の所から入手されたものであった。一部の肉は、神殿で家畜を屠殺処理して彼らの神々に供えた（異教の）祭司たちのものとなり、残りの肉は市場の販売業者によって販売された。他の肉は、〔神殿ではない〕別の所で買い取られたもので、その肉は供えられた肉ではなかった。

パウロによれば、キリスト者たちは市場でこれらの食料を安んじて買って食べてもよいのである。彼らは売る人に肉の出所についていちいち意識して訊ねる必要などはない。つまり、その肉が異教の神殿経由の肉であるか、偶像に供えられた肉であるかと問う必要なく食べてよいのである（「意識して」は、字義通りには「意識して」、「良心のために」25節）。パウロはこのことで今われわれが「良心」と呼んでいるもののことを言ってはいない。つまり、われわれがなさねばならないこと、せずにおかなければならないことをわれわれに言う、こうした内面的権威のことを言ってはいない。そこで問題なのは、自分を訴え自分の行為を知る人間の意識、してよいこと、してはならないことを知り判断する意識、ことに善の意識である（さらに八・7、10、12、ロマ二・15、一三・5参照）。しばしばこの27節は、キリスト者たちはその肉がどこから来たかについて問う必要はないこと、つまり彼らがおそらく偶像に供えられた肉を食べることに不安がるときには「出所を知らないことは心を傷つけない」といった流儀で問う必要はないと、パウロが言っていると注解される場合がある。しかし、この注解はとても本当とは思えない。パウロはこの節ではコリントびとすべてに向けて語っているのである（25、27、28節の二人称複数「あなたたち」を参照）。パウロがここで「弱い」ために供えられた肉を食べることに対して特別な問題を感じるキリスト者たちに向かって語っているのではないのは明白である（八章参照）。パウロの八章での議論は、別にこの弱いグループの人々のためになされてはいない。八章では逆に、パウロは自分たちは知恵と自由を持つと自覚して、自分たちの望むものはすべて食べるキリスト者たちの特定グループにこそ語っているのであり、パウロはそのグループの人々が、「弱い」信仰の仲間に配慮するようになることを望んだのである。使徒は一〇章においても第一に、そのように自分たちの知恵、自由、力を誇りとするこのグループのキリスト者たちに向けて語っていると思われる。

しかし、それではパウロは、「食べてよいか、いけないか、いちいち意識しないで」という言葉で何を意図しているのであろうか。おそらく彼は、彼らが市場の肉をその出所についていちいち問うことをせずにいつでも食べてよいことをコリントの読者たちに知らせたいのである。食物は、パウロが以前に論じたように（八・8参照）、とにかく神学的には取り上げ事項ではないのである。食べることは、してよい、してはならないの意識とかかわりがなく、食物は「良心」の問題ではない。つまりキリスト者たちは売り手にその肉の出所を問いただす必要がない。すべてのものは食べてよいのだ。「地は、それに満ちている物とともに、主のものだからである」（26節）。

原理的にはすべてのものは食べてよく、よいとか、わるいとかの意識はここでは何の役割も持っていないということを、パウロは、旧約聖書の引用で示している。それが詩篇二四篇1節である（詩五〇・12、八九・11、そして第一クレメンス五四・3参照）。全世界とその中に生育しているものは神のものである。つまり神は天と地の創造者である。だから、どんな食物だろうと、禁じられたものとか、しりぞけられるべきものとか見られないはずである（Ⅰテモ四・3―5も参照）。ということは、すべてのものは神から出ているのである。注目すべきことに、パウロはここで「きよい」また「けがれている」生き物については一言も言っていない。これなど彼の同時代のユダヤ人たちの多くが立てていた区別である。この区別を、キリスト者になったコリントの彼の読者たちはしていなかったろうし、おそらく知りもしなかったであろう。彼らにとって問題なのは、偶像神にささげられた肉は食べてよいものか、そうでないかである。使徒の答えは簡単である。肉市場で買う肉なら食べてさしつかえない。なぜなら、地上のすべてのものは主から出ているからである。

だから一人のキリスト者が、「不信者」、というのは異邦人のことであるが（六・6を見よ）、その人から招かれて、例えばその人の家の祝いの席で、あるいは神殿の広間の一つで（八・10のような場合）食事をするとすれば、原理としては彼は、「自分の前に出されるものはなんでも食べて」よいのである（27節）。ここでもやはり彼は、その肉の出所を問いただす必要がない。「よしあしを意識して」そうすることはない。食物は神学的には取り上げ事項ではないのだし、誰かのよしあしの意識とは関係がないのである。

パウロは、八章の冒頭で述べるとおり、キリスト者たちが、彼らの知恵と自由からなんでも食べるのを認めており、またおそらく偶像に供えられた肉でも食べるのも認めている（八・4―6、8）。しかし、パウロは今またこの規準に例外を付け加えて、キリスト者の自由の限界を厳格に示すのである。彼は今回も、律儀な「誰かがあなたたちに、『これはわたしどもの神へ供えた肉ですよ』というなら……それを食べないがよい」（28節）と実例に基づいて語る。前の節で、キリスト者たちも招待されている異教徒の祝いの食事について語られた事に、パウロが結びつけていると見ておそらく間違いない。確かにこの招待されたキリスト者たちは、なんでも食べることができ、その食物の出所をいちいち問う必要はない。しかしただ、28節において、誰かがその肉は供え物の肉であって、食べてもよいか、いけないかをキリスト者に向かって訊ねてくる場合について、パウロは話を進めているのである。

パウロが28節の「だれか」で誰を指すのか、われわれにはすぐにはわからない。多くの注解者たちは、この「だれか」とは信仰の仲間で「弱い」キリスト者（八・7—12参照）であると考え、その肉は供え物の肉であるから食べない方がよいのではないかと信仰の仲間に注意されたのだと考える。しかし、この注解が正しいものかどうかは非常に問題である。パウロはここで確かに二人称複数（あなたたち）でコリントびとに語りかけ、また様々なグループのキリスト者たちの間に区別をつけずに語りかけている。いったい「弱い」キリスト者たちは、その肉の出所をどうして知っているのであろうか。さらにパウロはここで非キリスト者のみが言いそうな言葉遣い、つまり「（これは）わたしたちの神々に供えられた肉ですよ」という言い方をしている（例、プルタルコス *Moralia*（倫理論集）七二九C参照）。もしキリスト者ならば、ユダヤ人に倣《なら》って「偶像に供えられた肉」と言うであろう。その言い方は、パウロが八章1節、4節、7節、10節と一〇章19節とで用いる言い方である（使一五・29、二一・25、黙二・14、20参照）。

さらにパウロがここで「だれか」と言って（異教徒の）もてなしの主人自身を指しているというのも当たらないであろう。なぜなら、どうして初代のキリスト者たちは異教徒主催の食事に招待されるのであろうか。さらにどうしてその主人が「それは偶像に供えられた肉ですよ」と言うはずがあろうか。それゆえ、パウロがここで異教徒の会食者を指していると考えるのが最も正しいであろう。会食の際に、これは異教の神々に供えられた肉であると言われたときに、キリスト者たちは「それを知らせてくれた人のために」（字義通りには「明《あ》かした」、他の人が知らないことを「知らせた」）、また「食べてよいか、いけないかを問う良心のために」（28節）食べないがよい。パウロが直ちに付け加えているように、この場に列席したキリスト者たちが、食べてもよいか、いけないかについての考えを抱くことではなく、異教徒の会食者が抱く考え・意見が問題なのである（29節ａの「自分の良心でなく」）。キリスト者たちは確かに何を食べてもよい。食べること自体は神学的には論議の対象にはならず、キリスト者は何を食べてよいか、いけないかを意識しないでよい。換言すれば、異教徒の会食者が、同席したキリスト者たちにその肉が供えられた肉であることを明かした時には、それを食べてはならない。彼ら自身は、そういう食物を食べることがむずかしい問題になるわけでなく、ほかの人のため、つまり食べる是非についてのその人の意見のために問題が生じるのである。異教徒の会食者は、実は同席したキリスト者が、出された肉を食べることによって、例えば迷惑を覚え、精神的苦境に陥いるのを心配して、その肉の出所を明らかにするわけではない。逆であって、その肉の出所を明らかにすることによって、異教徒の彼は、自分と違う信仰のキリスト者が、自分の神々に供えられた肉を食べるのはふさわしくないと思うという意見を表明するのである。キリスト者は、この自分の宗教の仲間ではないわけである。この自分の考えからすれば、そんな食べ物を食べるべきではないというわけである。そのような意見は、現代では、例えばあるカトリック信徒の人が、自分はプロテスタントの人が聖体にあずかるのを評価しないのに、当のプロテスタントの人はそれに何の困難もおぼえないようだ、と思うのと比べられる。パウロが28節のここでこのように指示するのは、キリスト者は偶像に供えられた肉を含めて何でも食べる自由を持つが、他者が、ここでは異教徒が問題を抱えるときには、その自由を行使しないのである。

パウロは29節b—30節の二つの並行小文によって、なぜキリスト者たちは異邦人の会食者が肉の出所について指摘する時には、その肉を食べない方がよいかの理由について説明する。パウロはその際、パウロ自身を実例にして、あるキリスト者が同じ事例においてあえてそれでもその肉を食べるならどうなるのかを述べる（ここでは一人称単数を使用。「わたしが……わたしが……わたしの……わたし自身」。ロマ三・7、七・9、16、20、ガラ二・18参照）。そのときには、何でも食べてよいキリスト者各自の自由は、食べる是非についての他者の意見、他者の良心によって問題にされるであろう。つまり、キリスト者の自由はその際「食べてもよいか、いけないかの他人の良心によって左右される」（29節b）のである。その際他人によって問題とされるのは、そのキリスト者自身ではなく、彼の自由やそれと共に彼の信仰である。もしそのキリスト者が異教の神々に供えられた肉を食べるのは自由だと思うならば、異教徒の会食者にはそのキリスト教信仰はいいかげんなものとして映るのである。異教徒の会食者が同席のキリスト者に肉の出所について強調して指摘するのは、そのようにキリスト教信仰自身の価値と誠実さを天秤《てんびん》にかけているのである。あるいは、パウロが30節で指摘するように、そのような場合でもなおもあえて食べるキリスト者は、その注意した異教徒の会食者とおそらく同席した他の異教徒たちから「そしりを受ける」であろう。パウロは「そしりを受ける」

という言葉を用いることによって、非常に重大な事柄が問題になっているのを明らかにする。この言葉はしばしば「そしりを受ける、けなされる、悪評を受ける」と訳されている（例、使一三・45、一八・6、ロマ三・8、一四・16、Ⅱペテ二・2参照）。パウロはこの言葉を用いて、キリスト者はそのような場合にキリスト者としてそしりを受けるのであると警告する。その人において、キリスト者であることが、つまり彼の信仰が「そしりを受ける」のである。キリスト教信仰自体の価値が危険にさらされることは30節から明らかである。パウロはこの30節で「感謝して」、つまり「神に感謝して」（ヘブ一二・2参照）、「感謝の祈りをして」食事にあずかるキリスト者について語っている。キリスト者たちは、ユダヤ教徒のように食事の前に確かに神に感謝を捧げる。つまり、キリスト者は、食事のはじめに「感謝の祈り」によって神に感謝する（例、一〇・16、ロマ一四・6、Ⅰテモ四・3―4参照）。異教の会食者によって不適格者と見なされる食事にキリスト者として参加するのは、まさにこの人にほかならない。異教の神々に供えられた肉を食べることによって、そのキリスト者はキリスト者として、またそれと共にキリスト教信仰そのものが、神と主イエス・キリストを含めて、悪評にさらされる。そうすると異教徒たちは、キリスト者はだらしのない生き方をし、また何事も真剣に受けとめない人間だという思いを抱く。さらに異教徒たちは、キリスト教徒の信仰への尊敬も、神とイエス・キリストへの服従への尊敬も失ってしまう。

キリスト者たちは、彼らの食べるもので、神とイエス・キリストへの信仰を異教徒のもとで不信を抱かれぬよう気を付けねばならない。反対に、パウロが続けて述べるように、キリスト者たちは、「飲むにも、食べるにも、また何事をするにも、すべて神の栄光のためにすべきである」(31節)。キリスト者たちは何事をするにも、神の栄光のために、神への信仰が確立し、ますます多くの人々がこの御神と御子イエス・キリストへの信仰に入るようになすべきである(ロマ一五・7、Ⅱコリ四・15、八・19、ピリ一・11、二・11参照)。

キリスト者たちは、ますます人々が信仰に入り、またその信仰が堅くされるために、このように「ユダヤ人にもギリシャ人にも神の教会にも、つまずきになってはいけない」(32節)。この呼びかけと、自分の模範に従えという励ましを以て(一〇・33―一一・1)パウロは、八章で始めた供え物の肉についての部分を締めくくる。パウロは彼らが出会う誰に対しても「つまずき」にならぬように、誰もその信仰を踏み外すことのないように、誰もその信仰を受け入れることを妨げられぬようにと、コリントの読者たちに呼びかける(「つまずき」という言葉の使用については、八・9、13、ロマ一四・13、20、21、Ⅱコリ六・3参照)。パウロは、彼らがキリスト者の仲間(「神の共同体」。この表現については一・2、一一・22を参照)、つまりコリントにおける信仰の仲間をぐらつかせないように、「つまずかせ」ないように、キリスト教信仰から脱落させないようにしなさいとコリントびとに呼びかける。これは例えば、より「知識」の乏しいキリスト者たち、「弱い」キリスト者たちが、異教の神殿で、信仰の仲間が供えられた肉を食べるのを見たときにも起こりうる(八章参照)。しかしまたそのことはすべての非キリスト者、つまり「ユダヤ人たちとギリシャ人たち」にとっても、「つまずき」になりうる。「ユダヤ人たちとギリシャ人たち」（この表現については、一・22、24、ロマ一・16、二・9―10、三・9、一〇・12、Ｉコリ一二・13、ガラ三・28、使一四・1、一八・4、一九・10、17、二〇・21、コロ三・11参照）にとってもキリスト者は「つまずき」であってはならない。すべてが、彼らユダヤ人もギリシャ人も、神とイエス・キリストへの信仰へ立ち帰り、福音を受け入れることに方向づけられねばならない。そしてキリスト者たちは、他者にとって「つまずき」になる、例えば食事のときに異教徒の会食者の意向にさからって供儀の肉を食べて、「つまずき」になってはならない（一〇・28―29ａ参照）。キリスト者たちの行なうことはすべて、他者、つまりキリスト者たちと非キリスト者たちの救いについての配慮が中心であらねばならない！

　他者への配慮はパウロ自身の生活においても中心に置かれている。パウロもまた確かに「すべての人に喜ばれるように努める」（33節）者である（この「すべての人に喜ばれるように努める」という表現は、ロマ一五・1―3、イグナティオス『トラレスへの手紙』二・3参照）。さらに彼は「他のすべての人が救われるために、自分の益でなく、彼らの益を求めている」（「他のすべての人」は、字義通りには「多くの人」であるが、この表現は一人のひと、つまりパウロ自身と対照された表現であるから、ここでは「（他の）すべての人」である。ロマ五・15、19、ヨセフス *Antiquitates Judaicae*（ユダヤ古代誌）三、二二二参照）、「彼らが救われるということを目的として」（33節。23―24節と九章20―22節とを参照されたい）。パウロはこのような生活態度をもってキリスト御自身の模範に従っている（一一・1。イグナティオス『エペソ人へ』一〇・3、『ポリュカルポスの殉教』一・2、一七・3参照)。確かにキリストも「御自身を喜ばせず」、「ご自分を求めず」(ロマ一五・3)、「貧しくなり」(Ⅱコリ八・9)、「死に至るまで従順であられた」(ピリ二・8)。

最後にパウロは、彼がキリストにならうように、彼の読者たちも自分にならうようにと呼びかける(一一・1)。それはつつましく生き、隣人の益をはかって生きることであり、他者の救いのために必要なときには自分の権利を放棄することである。パウロ自身現にそのように生きており、すべてのキリスト者たちはこの模範に続くべきである(Ⅰコリ四・16、ピリ三・17、四・9、Ⅰテサ一・6参照)。またこのように隣人への愛こそ、いよいよキリスト者の自由の限界なのが明らかなのである(八・1参照)。

教会の集会時の悪習。婦人の役割と共同の食事の際の弁えの欠けた振る舞い　一一章2―34節

パウロが本章で始める長い部分では、コリントでのキリスト者の諸集会のよい点と悪い点、つまり祝福される点と正されるべき点が詳しく論じられる（Iコリ一一・2―一四・40）。彼は、コリントびとによって特別に高く評価された恵みの賜物の役割を、広範に話題にする前に（一二・1―一四・40）、彼にとって悩みの種であった二つの事柄を語ろうとする。

彼はまず集会の際婦人たちが頭《あたま》におおいをかぶらないで祈ったり、預言したりするのを耳にした。使徒はこれを不適切であると思い、この行為を何とかしてやめさせようとする。婦人のきよらかさと夫の名誉とをいつでも擁護すべきなのである（一一・2―16）。

第二には、集会が始まる前にいつもなされる共同の食事では、使徒からすれば無条件にとがめられるべき情景が展開する。彼はその食事の際にできるだけ早く、またできるだけ多く食べ、飲む人々がいるのを聞いていた。使徒はこれを教会の一致と連帯の欠け、つまり同じ思いの人たちの交わりとしての教会を特徴づける要点の欠損と見ている（一一・17―34）。

11章2—34節

教会の集会における婦人たちの不適切な振る舞い

一一章

2あなたたちが、すべてのことでわたしを覚えていて、あなたたちに伝えたとおりの生活の規則を
守っていることを、わたしは評価すべきだと思う。
3しかしなおあなたたちによく知っていてもらいたい。すべて男の頭《かしら》はキリストであり、女の頭は
男であり、キリストの頭は神である。
4祈りをし預言するとき、頭《あたま》に物をかぶる男は、その頭《あたま》をはずかしめる者である。
5祈りをし預言するとき、頭《あたま》にかぶりものをしない女は、その頭《あたま》をはずかしめる者である。それは、
そりあげたのとまったく同じだからである。
6もし女がかぶりものをしないのなら、いっそ髪を切ったほうがよい。髪を切ったりそったりする
のが、女にとって恥ずべきことであるなら、かぶりものを頭《あたま》にかぶるべきである。
7男は、神のすがた、誇りであるから頭にものをかぶらないことがふさわしい。女は、また男の誇
りである。
8なぜなら、男は女から生れ出たのではなく、女が男から生れ出たのだからである。

9 また、男は女のためのものでなく、女が男のためのものである。
10 だから、女は、自分の頭《あたま》に対する権力を失ってはならない。それはまた天使たちへの考慮からである。
11 つまり、主に結ばれている人々にとって、女たちが男たちがいないかのように振る舞い、男たちが女たちがいないかのように振る舞うようなことはあるべきではない。
12 なぜなら、女が男から生れ出たように、男も女から生れ出たからである。そして、すべてのものの出生は神によるのである。
13 あなたたち自身で判断してみよ――女がかぶりものをせずに神に祈るのは、ふさわしいことであろうか。
14 自然そのものがあなたたちに教えているではないか。男なら長い髪は恥であり、
15 女なら長い髪こそ光栄であるが、長い髪はおおいとして、女に与えられているものだからである。
16 しかし、だれかがそんな知ったかぶりの意見を持っているなら、そんな風習はわたしたちにはなく、どこか他の神の諸教会にもない。

使徒は、「クロエ家の人々」(一・11)の報告から、あるいはコリントびとがかつてパウロに届けた手紙から(I巻の序論参照)、コリント教会の中に、集会のときに頭にかぶりものをしないで祈り、預言したりする婦人たちがいるのを知った。パウロはこの「習慣」をどうにも評価できず、この章節

でこの問題について広範に論じて、婦人たちは頭にかぶりものをして祈り、預言すべきであることを、コリントびとに納得させようとする。パウロがここで（間違いなく）既婚《きこん》の女性のことを考えているのは、その文脈からとにかく明らかである。

パウロの時代には、既婚の女性はどんなことをするにも、夫の名誉がかかっているのを自覚していなければならないのは、誰にでも自明のことであった。名誉と恥は当時の文化では極めて重要な観念であり、妻、子供、奴隷の振る舞いは、「家の主人」の社会的立場に大きな影響を与えた。パウロによれば、「女の頭《かしら》は男である」（3節）、「女は、また男の誇りである」（7節）。そのように妻は（家の外では）きよらかに控えめに振る舞わねばならない。そのように妻が振る舞わないなら、夫の品位が傷つきかねない。パウロにとって、このことが句節の主要な論点である。すなわち、妻はキリスト教会の集会で（大声で）祈ったり、預言したりするときには、夫（「彼女の頭《かしら》」）に恥をかかせないように（5節a）、頭《あたま》にかぶりものをするべきである。使徒は、〔妻である〕女性が教会の公の集会で、頭をおおわずに――それによってすべての参加者たちは彼女の長い、だらりとたれ下がった髪がゆれ動くのを見るわけであるが――祈り、預言するのはふさわしくないと考える。〔妻である〕女性は、どんなときも、恍惚《こうこつ》状態、つまり霊にとらえられているときでも、祈り、預言するときには自制すべきである（10節）。使徒がここでなおも付け加えるのは、世界にも、教会にも二種類の人間、つまり「生まれつき」ちがっているところの男と女がとにかく存在することである（1―12節と14―15節）。男にとってふさわしいことが女にとってふさわしくないこともありうるし、逆もありうるのである

（4―10節）。パウロは最後にコリントびとに、そのような習慣は他のキリスト教会にはないと指摘する（16節）。

パウロはコリント教会の諸集会の際のいくつかの正すべき習慣にふれる前に、コリントの読者たちに好感を持たれるよう心を配る。彼はコリントの読者たちが優しい思いになって彼の求めに耳を傾けるよう望む。それゆえ、かつてコリントびとのもとにいたとき、「あなたたちが、すべてのことでわたしを覚えていて、あなたたちに伝えたとおりの生活の規則を守っていることをわたしは評価すべきだと思う」と述べて注意をひく（2節）。この「生活の規則」（字義通りでは、「言い伝え」。Ⅱテサ二・15、三・6参照）。これはパウロが回心したばかりのコリントびとに与えた諸指針、またキリスト教の生活実践に関わる諸指針のことであろう。コリントびとは、パウロがこれまでに教えたように生活している。その点では彼らはパウロが読者たちにこの和らげの言葉をかけたとおり、確かに彼の「評価すべきだと思う」生活を守っているが、続いて彼らがパウロに全く「評価」させない二つの悪習を容赦ない批判にさらし始める。彼がこれから話題にする第二の件では、彼はあからさまにコリントびとの振る舞いにこの上ない非難をあびせる（17節の「……わたしは、あなたたちをほめるわけにゆかない！」。また22節の「……わたしはあなたたちをほめようか。この事ではほめるわけにはいかない」参照）。

パウロが非難にさらす一つ目の悪習は、幾人かの婦人たちの、教会の諸集会のときの不適切な振る舞いである。彼はこの問題を、男と女との間の関係について、つまり彼が「キリストがすべての男の頭《かしら》であり」、「神がキリストの頭《かしら》である」ように、「男は女の頭《かしら》である」という、彼が神学的に不動の確信としている関係を語ることによって始める（3節）。「しかし、あなたたちに知っていてもらいたい」という切り出しの言葉で、コリントびとがまだ認識していない新しい事柄をこの前提のもとに語り聞かそうとしているのを明らかにしている（この「知っていてもらいたい」というパウロのよく用いる表現については、一〇・1の注解参照）。

　この節では明らかに、コリントびとのこれまで認識していない事柄——パウロによれば——が取り上げられるのであるから、「頭《かしら》」について、それが「上司」や「指導者」と理解する古い伝統的な解釈は、もともと成り立たないのである。なぜなら男（夫）は、家の主人であり、妻の上にあり、妻は夫に従うべきであるというのは、当時の文化において一般的に周知であり、受け入れられていたからである（一四・34も参照）。パウロが3節でそうした当り前なことを言おうとしたことはとにかくありそうもないことである。使徒が3節で用いる「頭《かしら》」というギリシャ語を、「長」、「指導者」、「上司」などを意味する比喩的な語と理解するのは的はずれである。ギリシャ語の文献において、この「頭《かしら》」という語は、先のような意味では決して用いられない。ヘブライ語旧約聖書の古代ギリシャ語訳である七十人訳において、この比喩的な意味で数回だけ見出せる（例、士一一・11、サム下二二・44、詩一八・44）。この七十人訳では、ヘブライ語の「頭《かしら》」に対する訳が、この比喩的な意味をあまりに字義通りの訳に傾きすぎており、間違った翻訳とみられねばならない。さらにこの旧約聖書の「頭《かしら》」という数少ない事例では、特定の人、つまりある個人の「頭《あたま》」を語るのでなく、集団全体の指導者のことなのである。それゆえ、現代の多くの注解者たちは、3節において男と女の間の権威関係のことを語っているという考えをとらない。この注解者たちは、ギリシャ語の「頭《かしら》」(κεφαλή, ケパレー)という語は、「源(泉)」を意味するのを指示する。すなわち、パウロの語りたいことは、創世記二章22―23節の意味で、男は女の源《みなもと》であるということである、と。使徒がさらに同じく8―9節で語る事柄も創世記二章22―23節の意味なのである、と。しかし、この現代の注解者たちのこういう解釈にも問題がないわけではない。第一に、パウロは明白な理由なしに、いくつかの節の中でこの「頭」の語を繰り返すからである。第二に、3節で語られている内容が何を意味するのか全然明らかではないからである。つまり、もし「源」と解釈すれば、なぜパウロが「すべての人の源《みなもと》」として、キリストを示すのか、また「キリストの源」として神を示すのか、厳密には明らかでないからである。結局は、「源」を意味する「頭」は、例えば川の「源」の文脈での「頭」としては用いられないし、あるいは集団の人間たちの文脈で、例えば部族の「頭」とか全人類の「頭」としては用いられず、(単数での)特定の人の「頭」としても用いられない。以上の理由によって判断すれば、現代の多くの注解者たちによる先の解釈は成り立たないのである。

しかし、3節における「頭」が「上司」や「源」を意味しないとすれば、パウロは「男は女の頭である」という言葉でもって何を語ろうとしたのであろうか。パウロは、続く諸節で、祈りや預言するとき頭にかぶりものをしない問題にふれているので、ここで「頭《かしら》」という語を用いるように思われる。

われわれはここであえて一種の言葉遊びめいたことを言うことがゆるされるならば、使徒は男と女の関係、またキリストと人類の関係、つまりここの章節の残りの部分で非常に重要な役割を果たすこの言葉を借りてきて、コリント教会のひとつの問題の解決をはかろうとしたのである、と。われわれは3節の「頭」という語でもって、ギリシャ語の「頭」という特定の意味だけを追求するのではなく、パウロがその語で何を語りたいのかを問わねばならない。つまり彼が「男は女の頭《かしら》である」と語るとき何を意図しているかを問わねばならない。さらに（おそらく特に）当時の文化においても頭《あたま》は人の目立つ部分であって、人はその頭部で他の人々から識別された。頭《あたま》はその人全体を表し、例えば冠や花輪によって人に栄誉を与え、あるいは例えば髪を切ることによって人に恥をかかせるのに頭は適している。パウロが3節で「頭」という語を用いるのはこの意味においてなのである。すなわち、夫は、その妻が行うすべてにおいて彼女の夫がいわば背後に透《す》けて見えるために、象徴的な意味で彼の妻の「頭《かしら》」なのである。妻の行う事柄すべては、その夫に照りかえり、（同時に）その妻の行いによって夫の名誉は左右される。換言すれば、妻が公にどう振る舞うかは、社会において人々がその夫をどう評価するかに影響を及ぼす。例えば、きよらかに、誠実に妻が振る舞うならば、その夫は社会において尊敬され、誉れを受けるが、もし妻が無作法に振る舞うならば、人々は彼女を通してその夫を見下《みくだ》すであろう。要約すると、これらの諸節において（夫は妻への権威を持つといった）階層のことが言われるのではなく、妻と夫とは関係が深いという、関係のことが言われているのである。

パウロによれば、夫と妻の特別な絆《きずな》は――ここで男と女一般の事柄が言われているのでなく、夫とその妻ならびに妻とその夫との絆《きずな》が言われているのは文脈から明らかであって――それを3節で最後にキリストと人類の間の絆、また神とキリストとの絆と比べられているのである。まずパウロはキリストを「すべての男の頭」と語る。これはエペソ人への手紙とコロサイ人への手紙において見られる比喩的な表現ではない。それらの手紙では、教会や世界は、キリストが「頭」である「からだ」に比べられている。「からだ」と「頭」についてのこの比喩的表現は、このコリント人への第一の手紙には見当たらない。パウロがここで語りたいことは、妻の振る舞いが彼女の夫への社会的評価に影響を及ぼすように、〔キリスト者の〕男たちの振る舞いがイエス・キリストがどのように人々によって見られるかに影響する、ということなのである。パウロはここでこの手紙の文脈において（4節、7節、11節における「男」、つまりキリスト者である夫という表現を参照）、キリスト者の夫たちについて考えているのである。すなわち、キリスト者の「家の主人」のよい振る舞いは、キリスト者の信仰について、ひいてはキリスト御自身についても、人々によって正しく評価を受けるであろうし、もしそうでなければ、人々はキリストを疑いなく悪く語るであろう。パウロは同じ語調で、神を「キリストの頭」と語る。すなわち、人類の救いのために神に服従して御自身の生命を捧げたイエス・キリストの態度（例、ロマ一五・3、Ⅱコリ八・5、ピリ二・8、さらにⅠコリ一一・1参照）が、神信仰に対して、つまり人類の（特にキリスト者たちの）神観に対して影響を及ぼす。要約すれば、イエス・キリストの行動において神が透《す》けて見えるように、またキリスト者である夫たちの振る舞いにおいてキリストが透けて見えるように、夫の社会における名誉と尊敬は彼の妻の振る舞いにおいて透けて見えるようになる。このことこそ、パウロがこの章節のはじめでコリントびとに向かって、教会の集会のときの祈りと預言に際しての妻（婦人）たちの振る舞いについて率直に訴えたかったことなのである。

パウロは、コリント教会の婦人たちのとがめるべき振る舞いについて語りかける前に、あらかじめコリントびとにまず「祈ったり預言したりするとき、頭《あたま》にものをかぶる男は、その頭《あたま》をはずかしめる者である」（4節）と、男たち（夫たち）が祈り、預言するときどう振る舞うべきかを先に語る（「頭にものをかぶる」の字義通りの訳は、「頭から下に下げて持つ」。参照、エステル六・12、プルタルコス *Moralia*（倫理論集）二〇〇F、二六七C）。男たちは、極度に暑いか、寒いときにしか頭に何もかぶらないのが普通である（例、プルタルコス *Cato*（カトー）五〔列伝七六二A〕、キケロ *De senectute*（大カトー・老年について）一〇、三四参照）。あるいは、男たちは――悲しみや羞恥のために――顔を隠したく思う時にしか頭にかぶらない（例、エステル六・12、ヘロドトス *Historiae*（歴史）六、六七、三、ヨセフス *Antiquitates Judaicae*（ユダヤ古代誌）七、二五四参照）。このように教会の集会の際にも男たちは頭に何もかぶらずに祈り、預言したと考えられる。妻たちが頭にかぶりものをかけて祈ったり、預言したりすべきであることをコリントびとに納得させようとして――これがこの章節の主題であるが――使徒は、まず読者たちに男たちは何もかぶらない頭で祈り、預言することについては疑いなく彼と同意見であると明言する。もし男がそのようにせず、普通期待されているのに反してかぶりものをするときは「頭（つまりイエス・キリスト、3節参照）をはずかしめるのである」。そういうわけで使徒は読者たちが彼とこの点で一致していることから始め、パウロが判断するように、婦人たち（妻たち）には逆のことが適用されねばならないのである。

パウロはここで祈り、預言するとき頭にものをかぶることや、かぶらないことについて語っているのに気づくことが大事である。一二章から一四章にかけて大きな比重を占める「祈る」と「預言する」という二つの言葉は、コリント人への手紙ではここが初めてである。パウロは、一二章から一四章にかけていっそう詳しく「恵みの賜物」、つまりその恵みの賜物の中の預言、祈り、またコリントの読者たちが非常に高く称賛した異言などの賜物について立ち入って論じる。「祈り」と「預言」とは、コリント教会の集会の際での明らかに中心をなすものであった。われわれは「祈り」については、声を出し、他のすべての人々の面前で神に向けて祈りがなされ、神に感謝が捧げられる信仰の祈りを考えるにちがいない。また「預言」は、神の命令において他の人々に手渡される神のすべての使信、つまり、過去・現在・将来をとらえている使信を告知すること、またその説き明かしのことであった。一二―一四章から明らかなように、この祈りと預言は、コリントびととパウロによって聖霊の導きと見られていた。われわれは、そのような祈りと預言が精神の逸脱、または「恍惚」状態で通常なされたと、想定しなければならない。その際、人々はもはや自分自身を調整できず、自分自身を自らの感情にゆだねる。集会でもっと秩序を保つことを訴えた一四章におけるパウロの弁論は、その恍惚状態のことをいっそう明白にする。こうした事柄を考えて、一一章における祈りと預言の際の婦人たちの頭のかぶりものについての問題は一二章から一四章との関連で解釈されねばならないことがわかる。

パウロは、このように男たちは教会の集会の時に頭にかぶりものをせずに――無論――祈り、預言すると語った（4節）後、続いて女性はかぶりものをするのがよいと語る。使徒の主張するように、女性たちは頭をおおって祈り、預言すべきである。「祈りをし、預言する時、頭《あたま》をおおっていない婦人は、その頭《かしら》（彼女の夫、3節参照）をはずかしめる者である」（5節a）。彼女たちが集会で声高く祈り、預言するとき、その頭をおおわないなら、その夫をはずかしめる者である。社会は彼女の夫を彼女の振る舞いで評価し、妻の不自然な振る舞いのためにその夫を軽蔑するであろう。その際その妻はきよく適正な振る舞いをせず、礼儀をわきまえず、結婚している妻にふさわしくない。現代の多くの注解者たちは、このくだりでパウロは、頭にかぶるものの何の形式も語っていないと考える。つまり、例えば一種の「頭巾《ずきん》」とかフードが上衣の最上端を頭の上に引き上げることもできたのではないか、などである。現代の多くの注解者たちの考えによれば、パウロは逆に「かぶりものをしない頭」という表現で、だらりと垂れ下がった髪を指し、また婦人たちが祈り、預言するとき、その垂れ下がった髪を束ねるか、結《ゆ》って、その髪で頭をいわばおおっておくべきだと、コリントびとに印象的に強調しているのである。

こうした解釈の根拠として、これらの注解者たちは、15節b（「長い髪はおおいとして、女に与えられているものだからである」）とあること、さらに旧約聖書のギリシャ語訳である七十人訳からの諸節（レビ一三・45、民五・18）を指摘する。この15節bは、もしかして女性の髪は本来、頭の一種のおおいとして機能していると言っているのかもしれない。しかし、「頭のおおい」などについて語られている他のどの箇所も、髪についてパウロが語っているわけではない（15節bをさらに参照）。

二つ目の議論も根拠のしっかりしたものではない。レビ記一三章45節と民数記五章18節において、ヘブライ語テキストでは、髪をほどいたり、髪を切ることが語られている（レビ記一三章における重い皮膚病の人の場合と、民数記五章における不倫の嫌疑を受けた女性の場合）。ここで七十人訳では、パウロが一一章5節と13節で用いるのと同じ言葉を二度用いる（それは字義通りには「おおいのない」という言葉）。しかし、七十人訳の訳者たちが先の聖書の箇所で用いた「おおいのない」というギリシャ語はもちろん「垂れ下がった髪」を意味しうるかどうかはわからない。つまり、七十人訳の訳者たちはその箇所でこの言葉を選んではいるが、ここで「字義通り」に訳そうとしたのか、あるいは彼らの文化によりよく適合するような訳語を選んだのかはわからないのである。他のギリシャ語の諸文献の中では、この「おおいのない」という言葉は、スカーフがないことを、つまりベールやその種のかぶりものがないことを常に表現する（例、イザ四七・2、スザンナ32、Ⅲマカ四・6、「ヨセフとアセナテ」三・11、一四・17、ヨセフス *Antiquitates Judaicae*（ユダヤ古代誌）七、二五四、ポリビオス *Historiae*（歴史）一五、二七、二、プルタルコス *Moralia*（倫理論集）一三八D、二三二C、二六六C—二六七C、ディオン・クリュソストモス *Orationes*（演説）三三、四九参照）。さらにユダヤ人の著述家フィロンとヨセフスも、民数記三五章18節のギリシャ語訳の七十人訳における、頭に「おおいのない」ことを頭をおおう衣装の部分を取ることとして解釈している。参考文献として、フィロン *De specialibus legibus*（特殊律法）三、五六の「祭司が……その女が無帽で裁かれるように、その女の頭のおおいをとった後で……」(三、六〇も参照)という記事やヨセフス *Antiquitates Judaicae*(ユダヤ古代誌)三、二七九の「祭司は彼女の頭のおおいの部分をぬがせた……」という記事を参照されたい。

それゆえ全体として見れば、パウロはここで、婦人たちは教会で祈り、預言するとき、髪を束ねたり、結《ゆ》ったりすべきであるとコリントびとに語ったとは考えられない。パウロは、女性たちの(長い)髪を適切に隠《かく》すことができるもの、一種のスカーフやベールを頭にかぶるのを希望しているのである。なぜなら、それが疑いもなくかぶりものの効果であった(ある)からである。諸文化の多くにおいて、女性たちは公の場ではその髪の部分を見せることは慎ましいことでないので、何かを頭にかぶる習慣が通用したし(また現に通用する)。そして、そのことはギリシャ‐ローマ文化において通常義務ではなかったが、多くの女性は屋外ではスカーフで頭をおおった。つまり、広いスカーフやベールをかぶり――ヘアピンでその髪を束ねて――髪をおおった。フィロンがそれを『特殊律法』三、五六で表現しているとおり、スカーフは女性の「純潔さの象徴」として通用した。「礼儀正しい」婦人は公の場では頭の上にかぶりものをしたのであった(さらに例、プルタルコス *Moralia*(倫理論集)二三二C、二六二AB、ディオン・クリュソストモス *Orationes*(演説)三三、四八―四九参照)。だが人々が婦人の頭のおおいを取り去るなら、それはその女性にとって不面目であり、不名誉であった(例、Ⅲマカ四・6、スザンナ32、ポリビオス *Historiae*(歴史)一五、二七、二)。スパルタ王カリルスの伝承によれば、かつて王に向かって、〈なぜスパルタにおいては公の場で(未婚の)娘は頭に何もかぶらず、既婚の女性は頭にかぶりものをするのでしょうか〉と問われて、次のように答えたと言われている。「娘は（将来の）夫を見つけねばならず、既婚女性は自分の夫を失わぬようにせねばならないからである」（プルタルコス *Moralia*（倫理論集）二三二C）。このように性的な魅力を引くものとして女性の髪は見られたので、つつましい（既婚の）女性は屋外では周囲の人々に不快の念を与えぬよう、またその夫を困惑させないよう彼女の頭をおおったのである。

上記の諸資料に基づいて、とにかくコリント市の既婚の女性たちは公の場では通常頭におおいをしていたのは明らかであり、またそのようにキリスト者の婦人たちも諸集会には頭におおいをして出席したのも明らかである。教会の諸集会は、当時公の機会として受け取られていた（一四・35参照。この箇所では「家」は「集会のとき」に対応して用いられている）。パウロはコリント人への第一の手紙の中で、とにかく（既婚の）女性は教会の集会では頭をおおうべきであると語るわけではなく――婦人たちは確かにそのようにおおいをしていたのであるが――祈り、預言するときには頭に何かをかぶるべきだと語るのである。われわれはこのことから、公の場では頭をおおうことがおそらく普通であったが、声高く祈り、預言する時に限って頭におおいをしなかった婦人たちが教会にいたと結論せざるをえない。コリント教会の婦人たちが祈り、預言する時に限ってなぜ頭をおおわなかったかの理由は、彼女たちがその際に恍惚状態、つまり霊的恍惚状態にあったという事実の中にもとめられるべきである。そうした恍惚状態のとき、彼女たちは頭を強く揺り動かし、その結果彼女たちの頭のおおいが落ちることもありうる。おそらく彼女たち自身がそのおおいを取り去ることもあったであろう。

今残っている当時の絵画を見ると、異教の偶像崇拝の祭りのとき（特にいわゆる密儀的礼拝の場合）いつもと違って頭に何もつけない婦人たちが長い髪を垂《た》らしている絵が多く見られる。当時のあらゆる文献にも、同じ情景が記されている。そのよい実例となる文章は、ディオン・クリュソストモスの*Orationes*（演説）一、五六の中にある。「彼女ら（＝年老いた女預言者たち）は、続けて預言を語り始めた。その古代の女預言者たちは、大抵の霊感を受けていると言われた男女のようには振る舞わなかった。この老女預言者たちは、あえいだり頭を振り回したりせず、眼光で聴衆に恐れを抱かせようとせず、自己を抑制し、本当に落ちついて預言を語った」。

このように、パウロはここコリントの読者たちに、既婚の女性たちは祈り、預言する時には、長い髪を垂《た》らすことなく、頭も髪もおおうべきであるのを明らかにする。さもないと女性たちは礼儀正しくなく、またつつましくない振る舞いをして、その夫たちに恥ずかしい思いをさせるのである。なぜなら、パウロが指摘するとおり、ある既婚女性が頭におおいをせずに祈り、預言するなら、「それは髪をそったのと全く同じだからである」（5節結び）。パウロはとにかくそっけなく「もし、女がかぶりものをしないなら、髪を切ったほうがよい」（6節）と付け加える。短く切られた髪の、また髪をそられた女性は、彼女自身にとっても、彼女の周りの人たちにとっても、特に彼女の夫にとっては恥なのであり、だから使徒が続けるように、教会の集会で祈り、預言するときは「かぶりものを頭にかぶるべきである」（6節b）。パウロのここでの議論は、なおも彼の時代の文化を引き合いにしてなされる。その文化では、女性の頭髪を短く切ったり、そったりするのは、女としての名誉の喪失と見なされた。例えば、西暦紀元のはじめ頃、「ヨブの遺訓」という文書、つまりヨブの聖書物語を小説に脚色したものでは、ヨブの妻が髪を切り落とさねばならなくなった次第が、次のように書かれている。彼女が、実はサタンがパン職人に変装したパン屋でパンを求めて、彼女の髪を売って三個のパンと交換したとき、「彼〔そのパン職人〕は立ち上がり、市場《いちば》でわたしの髪をそり落とし、わたしは恥をかいた……」（二四・10）と。しばしば女性の髪は、特定の行為への罰として、とりわけ、例えば不倫のような性的な分野にわたる特定のみだらな行為への罰として切られた（例、シビュラの託宣三、三五九、アリストファネス *Thesmophoriazusae*（テスモフォリアを祝う女たち）八三八、タキトゥス *Germania*（ゲルマニア）一九、ディオン・クリュソストモス *Orationes*（演説）六四、三参照）。またそうした女性たちは男に見せかけるために髪を切り落とした（例、アプレイウス *Metamorphoses*（変身物語）七、六、三、ルキアノス *Fugitivi*（逃亡者たち）二七、*Dialogi meretricii*（遊女の対話）五、三参照）。

パウロにとって、教会の集会で頭をおおわずに祈り、預言する婦人は、このように髪を「切られた」、髪を「そられた」人に似ていると語る（動詞の「切る」、「そる」はほぼ同義である。例、使一八・18、二一・24）。人々の目の前で髪を「切り」、「そる」ことは、「恥ずべき」ことであり、その女性とその夫の両方にとって不名誉な、みっともないことである。妻の栄誉が危険にさらされ、それと共に夫の栄誉も危険にさらされるのである！

妻の態度がその夫の立場に影響を及ぼすことについて、パウロは7節bでもう一度、しかし今度は積極的な意味で表現する。「女（妻）は男（夫）の誇りである」（「誇り」は、「栄誉」、「輝き」の意味。このことの大切さについては、特にⅠテサ二・20参照）。妻が行う事柄がよいものであれば、それはいわばその夫へ反映する。妻が礼儀正しく、きよく振る舞うならば、社会において人々がその夫を見る目に積極的な影響を及ぼす。それゆえ妻は祈り、預言する場合頭にかぶりものをかぶって、頭と髪をおおうべきである。これは夫と対照的なのであって、「男は頭にものをかぶらないことがふさわしい」（この「ふさわしい」というパウロによって用いられるギリシャ語動詞の意味については、Ⅱコリ一一・14を参照）し、また「男は神のすがたであり、神の誇りである」（7節a）。

パウロはここで4―5節におけるのと同じような論じ方をしている。すなわち、パウロが婦人たちについて語りたい事柄は、婦人たちは祈り預言する際に、彼女の夫のために頭をおおうべきであるという一点なのである。さらにパウロは、男（夫）について全く対照的なことを主張することによって、その語りたい事柄に向かうのである。男たちについて当然言われることは、それと対比される事では「当然」女たちにも当てはまるにちがいない！　そのとおり、一人の女（妻）は、その夫の誇りであるゆえに、彼女の頭をおおうべきである。一方男（夫）は、「神のかたちであり、神の誇りであるから」その頭をおおうべきではない。パウロは後半の言葉で創世記一章27節を指している。そこには神は人間を「神のすがたに」創造したと記されている。パウロは、最初の人（アダム）が神によって創造され、その後で女（エバ）が創造されたと記される創世記二章の物語から、創世記一章27節のテキストを解釈しているのは明らかである。そこからパウロは、神の似姿に創造されたのは男のみであると結論するのである。その解釈は創世記一章27節の主題に基づく説明である（創五・1—2、ソロ知二・23、ベン・シラ一七・3参照）。この創世記一章27節には、神の似姿に「人間」（＝男と女）が創造されたことについて語られている。しかし、パウロは、創世記一章27節を夫と妻との間の相違をコリントびとに教えるために、先述の仕方で解釈する。そこで、パウロは「誇り」という言葉を付け加える。つまり、夫は神の「似姿である」だけでなく、神の「誇りである」（7節a）と付け加える。パウロはそれと共に読者たちにとっても男と女との相違が明白になるように望む。つまり、妻は夫の誇りである（それゆえ、妻は集会で祈り、預言するときは頭をおおうべきである）。夫は神の誇りである（それゆえ、夫の頭はおおわれるべきではない）。男は神の誇りであるという「事実」から、男は頭をおおわないことがふさわしいことになるであろう。パウロはここでそのことには立ち入らない。それに立ち入らない理由は、おそらく彼は、創造主の御意志に立ち入って、男が公の場で頭にかぶり物をしないことが普通のことであるので、祈り預言するときかぶりものをしたら神の栄誉を傷つける、というような語り方は不自然であると考えたのであろう（4節も参照）。パウロは各事例において、読者たちに妻は夫の誇りであるから、祈り預言するときは頭をおおうべきことを得心させるためにこうした主張を語るのである。

妻は夫の誇りであること、また妻の行うことは、夫への、また夫の社会的立場に影響を及ぼすことを立証するために、8節と9節での締めくくりに、なおも二つの論議を記す（「なぜなら……」という言葉を伴う二つの並行の表現による論議の仕方については、例えばＩテサ四・九a—10aを参照）。

パウロはこの論議を最初の人間（アダム）の創造に続いて女（エバ）の創造が記される創世記二章を参照して述べる。女が男のあばら骨から作られ、それゆえ「女は男からとられた」と語られている創世記二章21―23節から、「男が女から出たのではなく、女が男から出たのだからである」（8節）という結論を使徒は下す。さらに女は男の「助け手」と言われている創世記二章18節、20節から、パウロは「男は女のためのものでなく、女が男のためのものである」（9節）ことも導き出す。パウロはこれらの見解でもって、女が男の下位にあると言おうとするのではない。この下位にあるという考えは当時の文化において一般に知られていたものであるが（3節も参照）、パウロが言おうとするのは、結婚している女性は夫に関わっているという一点である。妻は自分一人で、自分一人のために生きているのではなく、彼女の夫と共に生きているのである。男が最初に創造され、続いて女が創造されたという聖書の物語から、パウロは男が優れているという結論を引き出すのでなく（Ⅰテモ二・9―15の例におけるように）、妻はその夫と「絆をもち」、妻の行うすべての事柄は夫に反映すると言おうとする。

パウロは前節でとり上げた論拠に立って10節で結論を下す。「それだから、女は、自分の頭に対する権力を失ってはならない。それはまた天使たちへの考慮からである」。この10節の言葉は注解者たちの頭痛の種となってきた。とりわけ「女は自分の頭に対する権威を失ってはならない」（字義通りには「頭の上に対して権威を持つ」）と「天使たちへの考慮からである」という言いまわしは、多様な解釈を生み出した。だが、この10節の意図するところは大体明瞭なようである。ここで一つの結論が問題にされているのだからである。(導入の「だから」はそれを示す。例えば、ロマ一・26、四・16、五・12、Iコリ四・17、IIコリ四・1参照)。ここで婦人がキリスト者の集会で祈り、預言する際に頭をおおうべきであること以外のことは何も言われていないに違いないのである。しかし言いまわしはこのとおりで、やはり、われわれにとって(おそらくは彼が語りかけているコリントの読者たちにとっても)、びっくりさせるものである。

「女は、彼女の頭に対する権力を失ってはならない」という10節の冒頭の言葉は、パウロがここで「権力」という言葉で本来頭のおおい(あるいは祈り、預言する際に婦人たちにとって必要であると思われる頭のおおいとしての束《たば》ねられた髪)を指すとしばしば説明されている。しかし、なぜパウロは望ましいおおいを「権力」という概念で言い換えているのかは、もちろんなおも説明されねばならない。普通「権力」という言葉は、夫が妻に対して持っているであろう権威を指していると説明されている。この説明が言おうとするのは、婦人は夫が妻に対して持っている権力と権威の象徴として何かを頭にかぶるべきなのであるということである。しかし、この説明は少なくとも二つの理由で正しくないと思われる。第一の理由は、このくだりのどこにも男の女(あるいは彼の妻)への権力、権威について語られていないからである。つまり、ここでは階層制でなく、関係が大事なのであり、パウロは妻が夫の下位にあると論じようとしてはいない(これは当時の文化では多少一般的に認められ、受容されていたのであるが、それはここでの討論にとって主要な事ではない!)。ただ、妻は夫と深く関係づけられており、妻の振る舞いは社会における夫の立場に影響を及ぼすことが論じられているのである（3節も参照）。第二に、「……に対する権力を持つ」という表現における「権力」という語は、ギリシャ文学のどこにも、誰かが（あるいは何かが）その権力をあなたの上に行使するという意味での受身の意味合いでは決して用いられないからである。逆に「……への権力」はいつも能動的な意味合いを持っている。すなわち、「何かへの、あるいは誰かへの権力を持つ」こととして、つまりあなた自身が権威を行使する、自分自身が何かへ、あるいは誰かへ権威を持つという能動的な意味を持つ。この意味合いで、新約聖書自体の中に見出される表現は、例えば、ヨハネの黙示録一四章18節（「火を支配する権力を持っている天使」）と二〇章6節（「敬虔な者たちに対して何の権力も持たない第二の死」）がある。

ここで用いられた術語から、女性（妻）自身が自分の頭に対して権力を持つべきであることが10節においてパウロが語りたい事柄なのである（女性は「彼女の頭の上に権力を失ってはならない」）とわれわれは結論づけなければならない。使徒はここでコリント教会の婦人たちに、教会の集会で祈り、預言する時には、自分の頭《あたま》を自分自身の支配下に置くようにと訴えているのである。つまり、婦人たちは自分の頭《あたま》への主人であり続けるように求めているのである。パウロがここで意図していることは、われわれが宗教儀式の祝宴のときに多くの女性たちが恍惚状態で、しばしば何もかぶらずに頭を強く揺り動かし、あらゆる音声を発して長い髪を下げて預言するのに気づくならば、パウロがここで言おうとすることが明らかになる（上記の5節でディオン・クリュソストモス *Orationes*（演説）から引用された文献参照)。パウロはキリスト者の集会の時は一切が落ち着いて規律正しくなされるよう望み(特に一四章参照)、またキリスト者の女性たちに声高く祈り、預言するときには、自制し、自分の頭《あたま》への支配を保つように訴えるのである。具体的にはこのことは、女性たちの頭はいつもおおわれているべきであり、髪は多少とも頭をおおうものの下に隠れているくらいであるべきで、さもないと女性たちは、その不適当な振る舞いによって、夫に恥をかかせてしまうからである。集会で祈り、預言する際は髪を多かれ少なかれかぶりものでかくすべきであり、婦人は、いつも礼儀正しく、自制力を備え、控え目できよく振る舞うのがふさわしい。パウロにとってこれは、祈り、預言する際は頭はおおわれているようにしていなければならず、髪は垂らしていてはならない。そして「恍惚状態」になって(一四・23参照)、頭をあちこち回して揺《ゆ》すってはならない、と言うことなのである。このすべてをパウロは「女性は頭に対する権力を失ってはならない」という言葉で言おうとする。おそらく使徒は結局「権力」の概念でもって、繊細《せんさい》な語り方で自由と権力についての考えを述べたのであるが、これこそコリントのキリスト者たちの間で高くかかげられていたものであった。(六・12、七・37、八・9、九・4―6、12、18、一一・10参照)。この場合パウロは、婦人の読者たちに、彼女たちが持っている(と思っている)権力を自分たちの頭《あたま》に行使すべきであり、それゆえ頭をおおうべきであると、皮肉な言い方で明らかにしようとしている。

パウロが「天使たち」に注意を向けさせる10節の締めくくりは、なぜ婦人たちは「天使たちのために」頭をおおうべきなのか、すぐにその意味はわからない。パウロがここで語っているのは、キリスト者の集会で祈り、預言する際の婦人たちの振る舞いについてであるのに気づくことがやはり重要である。パウロは、キリスト者たちが集まって来る場にはなんらかのかたちで天使たちがその場に臨《のぞ》んでいることから出発している。われわれは祈り、預言し、聖書を説き明かし、賛美を歌い、神に感謝を捧げるとき、これらすべてにあって神、イエス・キリストの臨在、一般的には神的な天上の領域の臨在を経験するのである。「異教徒たち」も、彼らの神々の臨在を感じるのであり、例えば彼らの神殿に集まり、供え物をし、彼らの神々に感謝を捧げるときに神々の臨在を感じる。ユダヤの民は、エルサレムにある神殿（神の家）を神が「住まう」地上の場所と見なし（三・16も見よ）、そこに彼らが居合わせたときに神の臨在を感じた。その他にもユダヤの民は、神殿以外の所で祈り、神に感謝を捧げるために集まったときにも神の臨在を感じた。多少似たような心情でパウロは、キリスト者たちが神を称え、感謝するために特定の場所に寄り集まった時、「わたしたちの主イエスの力」が臨在しているのが感じられると語ることができる（五・4、マタ一八・20、エペ三・10参照）。さらにユダヤ教では天使たちは、集会において臨在していると考えられた。例えばクムラン文書の1QSa二・3—8に、何らかの理由で汚れたり、身体に障害を負う人々（身体不随の人、目の見えぬ人、口のきけぬ人）は、「聖なる天使たちが集会に臨在しているゆえに集会に参加できない」と記されている（CD一五・15—17、1QM七・3—7、七十人訳の詩一三・1の「わたしは天使たちの臨在のもとで、あなたに賛歌を歌うでしょう」、七十人訳の申三二・43とその注解をしたフィロン *De virtutibus*（美徳について）七三—七四も参照）。クムラン文書の1QSaから、先に引用された言葉と同じことは当時の文化に見られるのであり、天上の世界と接触する時、彼らは身体に「欠けのない者」でなければならないとされた。これは今日われわれの文化の考え、教会において礼儀正しく振る舞うべきであり、例えば清潔で「ふさわしい」服装で礼拝に出席すべきであるという――倫理的には誤った――考えと比べうるのである。

パウロもキリスト者たちが神を称えるために集まる場に天使が臨在すると考える。パウロは、天使たちは地上の人間と対照的に天的な存在であると考える（Ⅰコリ四・9、一三・1、ロマ八・38、ガラ三・19参照）。天使たちは、天における神の「世界」に属しているが、彼らが自動的に善をなすと言っているわけではない（六・3、ガラ一・18参照）。天使たちは天上の世界に住み、そしてキリスト者の諸集会の場に臨在すると考えられるから、婦人たちは適正に振る舞うべきである（またそれゆえに、祈り、預言するときは頭をおおうべきである）。なぜなら、頭をおおわず、長く垂れた髪で祈り預言する婦人は、そこに臨在する天使たちに対しても好ましくない印象を与えかねないからである。パウロはユダヤ教と初期キリスト教に伝承された、いわゆる「堕天使たち」をここで懸念しているのではない（六・3参照）。これは堕天使のことであるという解釈は、何人かの注解者たちによって示唆されている。パウロはここでコリントの読者たちに向かって、人々は、ここでは婦人たちは、天上の世界の代表である天使の居合わすところで適正に振る舞うべきであると強く印象づけようとする以外は願っていない。ディオゲネス・ラエルティオス *Vitae philosophorum*（哲学者たちの生涯）六、二三の「ある日、彼（＝哲学者ディオゲネス）は、女性が何とも厚かましい態度で神々の前で頭を下げるありさまを語った……彼は女性に近づき、そして言った。婦人よ、あなたは一人の神があなたの背後に立っているのを畏れないのですか……またあなたは自分自身を恥じていないのですか」という一文の中にも、類似の考えが見出される。

ここのくだりにはなお多くの文章があり、11節と12節も解釈が難しい。ある注解者たちは、パウロはこの11節と12節でコリントの読者たちに譲歩しようとしていると考える。つまり、パウロはまず、夫は「妻の頭《かしら》」であり、妻は集会で祈り、預言する時に、頭《あたま》におおいをかぶるべきであると語った後、今度はコリントびとに向かって、キリスト者の交わりにおいては（「主において」）、男女の違いはなく、男女双方は神の前では等しいことを指摘しようとする、と。この思想は実際パウロにとってなじみのないものではない（ガラ三・28、Ⅰコリ七・19参照）。しかし、パウロが11―12節でそのことを語ろうとしているとはとても思えない。もしそうだとすれば、それによって彼の述べてきたすべての論議を弱めるだけでなく、これまで述べた事柄自体とも矛盾するであろう。使徒は11―12先行諸節でも続きの諸節でも、なぜ婦人たちは頭をおおって祈るべきかを前述の意味で論議するために、11―12節も彼が望む婦人たちの振る舞いについて論じようとしているのは明らかである。これは11節のはじめの言葉（ここでは「つまり」と訳されている）からも明白である。パウロはこの「つまり」という語を文の一部を短く要約するためにしばしば用いる（例、ピリ三・16、四・14、エペ五・33、黙二・25）。

それゆえ、パウロはこれらの諸節において、男女の同等性を強調しようとするのではなく、創造以来成立しており、全く神の意志によって男女は互いに違っており（上下関係ではなく）、相互に関係し合っていることの方を強調しようとするように見える。それは12節では「なぜなら」という小辞で始めて、11節の論証を目指すのであって、パウロは創造について、さらに世界における自然の推移について、「女は男から生まれ」（8節、創二・21―23参照）、さらに「男は女によって生まれ」（女は子を産むゆえに）と語り、これらすべては「究極的には一切のものがその存立をその御方に負っている」創造主なる神の御意志によることに言及する（八・6も参照）。換言すれば、男と女という二つの性は、その存立を創造主なる神、宇宙の保持者なる神に負っている。しかし、まさに両者全体がまた互いに助け合う、関わり合う二つの違った性別があり、神はそのように互いに助け合い、関わり合うよう欲せられた。これは人類全般に妥当する（12節）が、もちろんキリスト者たちにとっても妥当する。11節の言葉の「主と共に結ばれた」（字義通りでは「主にある」、七・39も参照）は、キリスト者の交わりにおいても「妻はあたかも夫がいないかに振る舞うべきではないし、夫はあたかも妻がいないかに振る舞うべきではない」（字義通りには「夫なしに妻はないし、妻なしには夫はいない」）のである。創造の秩序によれば、互いの存在がなければ生存できない二つの違った性別がある。同じことはキリスト者の交わりにおいても言われるべきである。すなわち、教会にも男と女がいて、そこには一つの性別のグループは他の別の性別のグループがあたかも存在しないかのように振る舞えないのである。男と女の両グループは相互に配慮し合わねばならない。つまり、妻には夫がおり、その夫の社会における立場が妻の振る舞いによって影響を及ぼすのだから、集会で祈り、預言する際に頭をおおうべきであるという、この具体的な事例が何を意味するかを互いに考えねばならない。

神が欲せられた創造の秩序からだけではなく、女性は頭をおおって祈り、預言すべきであるという結論に結局導かれうるのである。「女がかぶりものをせずに神に祈る」のは、「ふさわしくない」ことである（13節）。パウロは今度はコリントの読者たちの健全な理解と判断力に訴える（「自分自身で判断してみよ」、一〇・15参照）。コリントびとらは周囲を見て、女性が頭をおおわずに祈り、預言するのは「ふさわしくない」のであり、「不適切」あるいは「不自然」、はては「反自然」であると認めるべきなのだ。パウロは、「恥ずべき」と対照的な「ふさわしい」という観念で（14、15節の「恥」と「光栄」の観念参照。6節とディオン・クリュソストモス *Orationes*（演説）三六、一七の「この行いは、男たちにとっては恥ずべきことであり、全くふさわしくない」も参照）、社会において「礼儀正しい」こと、「ふさわしい」ことに注意を向けさせる（Ｉマカ一二・11、Ⅲマカ七・13、マタ三・15、エピクテートス *Dissertationes*（語録）四、六、二六参照）。われわれは14節と15節から、パウロが「自然」と調和するものが同時に「ふさわしい」ものと考えていると結論できる（例、プルタルコス *Moralia*（倫理論集）一〇二Dの「余りに大きな悲しみは……自然に反することであり……賢明な男たちにとってそれは全くふさわしくないことである」）。

パウロはさらに14―15節で「自然」について指摘することで、婦人が集会で祈り、預言する場合は頭にかぶりものをしないのはふさわしくないという、自分の見解についての議論を読者たち相手に続けようとする。「自然」は何を教えているのであろうか。自然は「男にとっては長い髪は恥であるが、女にとっては長い髪は光栄である」ことを教える。当時、実際、男たちの髪は短く、女の髪は長いのが普通のことであった。参照文献は、プルタルコスの *Moralia*（倫理論集）二六七Bの「男たちはその髪を短く切り、そして女たちは髪を長くするのが常であった」である。髪を長くする男は女々《めめ》しい者と見なされた（例、偽ポーキュリデース二一〇—二一二、フィロン *De specialibus legibus*（特殊律法）三、三七、同 *De vita contemplativa*（瞑想的生活）五〇—五一、プルタルコス *Moralia*（倫理論集）二六一F、ディオン・クリュソストモス *Orationes*（演説）二、一二、ムソニウス・ルーフス *Dissertationes*（語録）二一、フィロストラトス *Vita Apollonii*（アポローン伝）一、一三）。さらに髪を長くする男は、ある哲学者たちの場合のように、意識的に社会と交際を避ける人々と見なされた（例、セネカ *Epistulae Morales*（道徳書簡集）五、二、ディオン・クリュソストモス *Orationes*（演説）三五、一〇—一二、同三六、一七）。それ以外にレズビアンの女たちは、しばしば髪を短く切った（例、ルキアノス *Fugitivi*（逃亡者たち）二七、*Dialogi meretricii*（遊女の対話）五、三、同五、六）。

パウロは「普通の」事態を指摘することで、彼の読者たちを彼の見解にいよいよ引き込んでゆく。パウロは当時の「風習」を指摘し、そのために「自然」という言葉を用いるのは注目すべきである。パウロにとっては、男が髪を短くし、女が髪を長くする事実は、自然がわれわれに教える事柄である。一般に毛髪の成長を問題にする場合（例えばひげの成長の場合のように）、男の方が女よりも速く毛が「自然に」伸びると言いうる（そう論じている文献は、例、エピクテートス *Dissertationes*（語録）一、一六、同一、九―一四、同三、一、同三、二四―三五参照）。しかし、われわれ現代の見解によれば、人が長い髪、あるいは短い髪であるのは、男女間の「自然」の違いとは余り関係がない。これは「自然」よりも、むしろ「風習」、つまり「文化」の問題である。それにもかかわらず、パウロがそれを「自然」のこととするのは、彼の同時代の人々の慣例の多くを成文化されない法として、何しろ昔からの慣習であるからと、それをもって「自然」と見なすからである（例、ディオン・クリュソストモス *Orationes*（演説）七六と八〇、特に七六、一、同八〇、五―六、さらにⅠコリ九・7―8参照）。当時の人々が考えたことは、名誉な事柄や不名誉な事柄を人は勝手に指定できず、この相違は自然につくられ、そして名誉な事柄は全く自然と一致すると考えた（キケロ *De legibus*（法について）一、一六、四四―四五参照）。パウロが、男は短い髪を、女は長い髪をし、また男にとって長い髪は「不名誉」であるが、女にとっては「名誉」であることを「自然」という言葉を用いて論ずるのは、問題を判《わか》りやすくするためである。

パウロが、女性たちは集会では頭をおおって祈り、預言すべきであると、コリントびとに得心させようとして、14―15節でなぜ「自然」を持ち出すのかは15節で明らかになる。すなわち「長い髪はおおいとして女に与えられているものだからである」。これこそが、「自然から」女が長い髪を持つ事実から、パウロが引き出す結論なのである。ここを字義通りに訳せば「なぜなら髪はおおいとして与えられているからである」となるのである。誰が、また何が女に長い髪を与えたかについては、パウロはふれないが、ここで「自然」について、またそれによって創造主なる神について考えているのは疑いない（「与える」という動詞の受動形の使用については、例、七十人訳のヨブ三・20、さらにマタ七・7、ルカ一一・9参照）。換言すれば、神自身が女に自然に長い髪を与え、おおいとして与えた（それは何かの「代わり」に与えたのでなく、「同等に」、「在りようとして」、「役立つように」与えた。例、ホメロス *Odyssee*（オデュッセイア）八、五四六、ヘロドトス *Historiae*（歴史）四、七五、二）。女にあっては、長い髪は（頭を）おおう働きがあり、それが神のみ心である。ところで、こうしたパウロの論理は、自然が女に頭のためのおおいを、つまり長い髪を与えたのであるから、婦人たちも集会で祈り、預言するときは頭に何かかぶりものを着けるべきであるというのである。われわれ人間は確かに自然と神の意志に従うべきなのである！

パウロが16節での締めくくりにおいて、女性は集会で祈り、預言するときは頭をおおうべきであることをコリントびとに確信させるために最後に語る論拠は、「しかしだれかがそんな知ったかぶりの意見を持っているなら、そんな風習はわたしたちになく、神の諸教会にもない」ということである。パウロは彼と同意見でなく、彼の論議に耳を傾けず、おおいをせずに平気で祈り、預言してもよいと考える、「知ったかぶりの」読者たちがなおも常にいるであろうことを懸念している（論争や議論に関する「知ったかぶり」や「片意地さ」という概念は、例えば、エゼ三・7、フィロン *Legum allegoriae*（寓喩的解釈）三、一三一、*De migratione Abrahami*（アブラハムの移住）七五、ヨセフス

Contra Apionem（アピオンへの反論）一、一六〇、ユスティノス『ユダヤ人トリュフォンとの対話』一一七、二二、プルタルコス *Moralia*（倫理論集）八〇B、八三二C参照）。使徒は、同じような知ったかぶりをする人々に向かって最後の論拠で、そうした「風習」、つまりキリスト者の集会の時に女性が頭をおおわずに祈ったり、預言をしたりする風習は他の教会では決して見出されないことを知らせようとする（「風習」という語は、「習慣」、「ならわし」の意である。例、ヨハ一八・39、ヨセフス *Antiquitates Judaicae*（ユダヤ古代誌）一〇、七二、プルタルコス *Nicias*（ニキアス）六、六〔列伝五二七A〕）。そうなればコリントびとは全く孤立状態になる（一・2、四・17、七・17、一四・33b—34a、36参照）。パウロだけでなく、盟友たち（「わたしたち」）は男女とも彼が擁護する同じ規律に従っている。その中にこの手紙の書かれた当時エペソにいたアクラとプリスカもいる。さらに他地方の諸キリスト教会（字義通りには「神の諸共同体〔教会〕」）。この用語については、一・2参照）でも、婦人たちはかぶりものをせずに集会で祈り、預言することはなされていない。使徒はこの最後の論拠でもって、コリント教会の婦人たちは集会で祈り、預言するときは頭をおおうべきであることについて、彼の読者たちの中にいる最も手ごわい知ったかぶりをする人々さえも得心するのを望むのである。

共同の食事における連帯性の欠け

一一章

17ところでこの戒めを命じるにあたっては、つけ加えて言わなければならない。あなたたちの集まりがあなたたちの益にならないで、損失になっているということである。そして、このことをわたしは、決してほめるべきこととは思わない。

18というのは、まず、あなたたちが何かで教会として集まるとき、お互いの間に分争があるとのことが、わたしの耳にとどいており、いくぶんかわたしはそれを信じようと思う。

19というのは、たしかに、あなたたちの間のだれが信仰にかたく立つ心得を持っているのか明らかになるには、分争もなければなるまい。

20だが問題は、あなたたちが何かで集まるとき、あなたたちがあずかる食事が、主の栄光のための食事ではないことである。

21というのは、食事の際、食べたいがままにすべてを一気に平らげる人があって、ある人は食べるものがないのに、他の者は酔っぱらって飲んでいる始末である。

22いったい、あなたたちには、飲み食いのできる家がないのか。それとも、神の教会を侮《あなど》って、

食べるもののない人々を笑いものにするのか。このことでわたしはなんと言うべきか。このこと
でああなたたちをほめようか。いや、このことでほめるわけにはいかない。
23 わたしは、主から親しく聞いた話を、これをあなたたちに伝えたのである。すなわち、主イエス
は、引き渡される夜、パンをとり、
24 感謝を表し、これをさき、そして言われた、「これはあなたたちのためのわたしのからだである。
わたしを記念しつつ、これを行え」。
25 食事ののち、杯をもとり、そして言われた、「この杯はわたしの血による新しい契約である。こ
れを行い、飲み、そのたびにわたしを記念せよ」。
26 言いかえれば、あなたたちは、このパンを食し、この杯を飲むごとに、これによって、主がこら
れる時に至るまで、主の死を指し示すのである。
27 ふさわしくない食べ方、飲み方でパンを食べ、主の杯を飲む者は、こうして主のからだと血に対
して罪を犯すのである。
28 だから、だれでもまず自分を吟味し、そのうえでパンを食べ、杯のものを飲むべきである。
29 からだを食い飲みしながらわきまえを知らない者は、そのように自分の上に罰を呼び出すのであ
る。
30 だからあなたたちの間には、病む者や弱い人が多く、多くが死んでいるのである。
31 しかし、わたしたちが自分自身をよくわきまえ知るならば、わたしたちは裁かれないであろう。

32 しかし、わたしたちに下っている主の罰によって、わたしたちは主によってただされ、ついには世と共に断罪されることがないようにされるのである。
33 だからわが兄弟姉妹たちよ、食事のために集まるときは、待ち合わせなさい。
34 空腹の人は家で食べて来させよ。さもないとあなたたちは、神の罰を自分に受けに集まることになる。そのほかの問題は、あなたたちのもとに行き次第、処置するとしよう。

パウロがこの章で公然と批判する第二の悪習は、コリントのキリスト者たちが毎週の集会時に参加する共同の会食のことである。他の諸教会のキリスト者たちのように、コリントのキリスト者たちも主の日の晩、寄り集まって食事をし、その後で共ども祈り、預言し、歌い、信仰について語り合ったのである。コリントびとは共同の食事のために、負担力に応じて食べ物と飲み物を持ち寄り、それが参席者たちに配分されるのが習わしであった。パウロがコリントの読者たちを責めるのは、彼らがこの共同の食事の際の相互の結束と連帯での大きな欠けを広げたことである。主を讃える共同の食事で、その地の教会の結束、連帯、協調が明瞭になるのは当然である（一〇・11―16も参照）。キリスト者は、特定の事柄については大いに意見を異にしても、互いに主を想起して食べ飲むときは強い結びつきが生まれる（17節と20節参照）。その共同の食事のとき、一部の人々が、多分彼らの好きな食物のすべてを勝手に素早く食べ飲み、それによって、何かの事情でゆっくり食べたり、あるいは遅れて参加する他の人々のためにはわずかしか残らないか、何も残らないようなことはあってはならないことである（21―22節と33―34節）。この共同の食事は通常の食事ではなく、主イエスの死を想起する食事なのである。その共同の食事に、キリストを信じ、キリストの死が彼らにもたらした救いから生きる者たちが参加する（23―26節）。この共同の食事で、神の教会を軽んじ、それによって互いの連帯性を傷つけるならば、イエス・キリスト御自身に対して罪を犯すことになり、その人は神の罰を自らに招くであろう。なるほど、その罰は、神による世界への最終的な有罪判決と比べることはできないが、それでも、病気になったり、死んだりする厳しいものなのである。しかし、その罰は、共同の食事に正しくあずかることによって回避できるのである（17、22、27―32、34節参照）。

コリントびとは多くの点で「評価すべき」ところもあるが（2節参照）、本章でパウロは気がかりな二つの事柄を取り上げざるを得ないのを痛感している。彼は一方でコリント教会の婦人たちに、集会で祈り、預言するときは頭に何かをかぶるべきことをまず命じるのであるが（17節a「ところで、この戒めをわたしが命じるについては」。「この」とは、先行の事柄を指している。例、七・6、七・35）、コリント教会の集会に関しては心底から気がかりな事がまだあるのである。コリントびとたちの「諸集会はあなたたちの益にならないで、損失になっている」（17節b。「損失になっている」は、字義通りには「良くなく、悪い」）。これが、パウロが読者たちを全く評価するわけにはいかない事なのである（17節c。22節参照）。彼が「益にならないで、かえって損失になっている」という言葉で言おうとしていることが、29―32節でやっと明らかになる。つまりコリントびとがふさわしくない食べ方で共同の食事に参加するとき、自ら呼び込む神の罰である（34節も参照）。

パウロはまず、なぜコリントびとの集まりが「益にならないで、損失になる」のかの理由について詳しく立ち入る。彼はいきなり本題に入る（18節の「まず」。ロマ一・8参照）。彼はコリントびとの間で、「何かで教会として」（字義通りには「教会で」）集まるとき意見の相違があるのを耳にした（18節）。使徒は誰からこの情報を得たのか語っていないが、彼に諸集会のときの意見の「相違」について知らせたのは「クロエの家の人々」であろう（一・11、五・1参照）。

パウロは、この意見の相違の問題が何であるかを、コリントびとに語る前に、彼らの間で意見が分れていることをまず「いくぶんか」は信じようとしている。つまり、その意見の相違の存在を認めようと思っていることを明かす（18節結び）。確かに「意見の相違」自体は正常な事象であり、確かに頭から否定的に考えられるべきでない。「たしかにあなたたちの中には分争もなければなるまい」。なぜなら、意見の相違によって「あなたたちの中でだれが信仰にかたく立つ心得を持っているかが明白になる」からである（この19節の字義通りの訳は、「だれが本物か」、「だれが検査に合格するか」となる）。「意見の相違」と「分争」という多少同じことを表現するこの二つの概念（一・10、一一・25、ガラ五・20、ユスティノス *Dialoog met de Jood Trypho*（ユダヤ人トリュフォンとの対話）三五・3参照）は、パウロの見解によれば、人がそこから「本物」を現しうる試験、検査として考えられる（試験や精錬の主題については、九・27も参照）。パウロがここで問題にする「分争」や「意見の相違」は、「教え」の領域と倫理の領域でのキリスト者の信仰の広範な側面と関連するといえよう。

最初期のキリスト教会では、相互に異なる見解が多くの分野で生じたのであり、パウロとコリントびととの交信からもわかるように、この点でコリント教会も特別ではない。しかし、パウロがここで語るように、意見の相違にもよい面があり、討論することによって、何が正しい考え方であるかを明らかにし、だれの立場が正しく、まことの信仰をしっかり持っているかを明らかにするのである。

一般における見解の相違の積極的な評価についての節の後で（18節末尾と19節）、パウロはこの段落で本来目指されている本題に立ち戻る。コリントびとの間の意見の相違は、教会の集会の時の互いにあずかる食事を「主の栄誉のための食事ではない」（20節）ものにしてしまっているために引き起される。パウロが、ここで毎週日曜日の夕べに開かれる教会の諸集会のことを指しているのは疑いない。おそらくその諸集会はコリントにあったいくつかの「家の教会」で開かれ、およそ四〇人から五〇人くらいのキリスト者たちが集会のために各「家の教会」に毎週日曜日の夕べに集まったのであろう。さらに公共の建物の広間も借用して寄り集まったことも考えられる（これが、例えば神殿構内の一部であったのである）。当時の無数の団体、クラブ、同業組合《ギルド》と同じように、キリスト者たちの集会も二部になっていた。〔異教世界では〕その一部は共同の食事であり、参会者たちはしばしば財力に応じて食べ物や飲み物を持参して会食し、それに続いて「楽しいつどい」、つまり酔ったり、議論したり、音楽をかなでたり、歌ったり、踊ったりした。通常、〔異教世界では〕この二部というのは、まず神々への供儀があって、そして飲み食いがなされる。キリスト者の諸集会の場合には、イエス・

キリストと彼の死を指し示すことによってなされた（さらに23―26節での注釈も参照）。同時代の文献には、同じシンポジア（諸饗宴）やコヴィヴィア（諸祝宴）について語られている。

パウロがコリントの読者たちを責めるのは、彼らが集会に参加する際の「食事」の仕方に関してである（この「食事」は、ギリシャ語では「deipnon（デイプノン）」で、夕食を指し、午後四時頃に始まる一日の主要な食事である。例、ルカ一四・12、17、ヨハ一三・4、二一・20、プルタルコス *Moralia*（倫理論集）七二六D）。教会の集会に際してはコリントびともこの食事にあずかった。パウロの考えによれば、これはパウロの目には「主の栄光のための晩餐」ではない（20節）。字義通りには「主の食事」、あるいは「主のものである食事」である。この「主の食事」は、「晩餐」の祝いを示す多少広い意味でしばしば用いられる表現である。しかし、ここでは、それは該当しない。第一にパウロがここで用いる用語は、全新約聖書では独特であり、この節で「主の（栄光のため）」と訳された形容詞（キュリアコン）は、新約聖書にはわずか二回しか現れない（ほかには黙一・10の「主の日」＝日曜日）。第二に、この本文は、ここで「通常の」食事と、われわれが今日知っている（儀式の）「晩餐の祝い」（聖餐式）という、二種類の食事をパウロが考えていると考えさせる、どんなきっかけも与えない。そうではなく反対に使徒は、すべてのコリントびとがあずかる食事、教会の集会の不動の一部、「通常の」夕食のことを考えている。

教会の集会の時の食事は、どんな時も「主の食事」と言うべきである。ということは、その食事は主イエスに捧げられる食事であり、主の栄光のため、彼の死を想起してなされる食事なのである。と言うことは、イエス・キリストこそが教会内で結びつける力ある御方、この御方から教会共同体が生存権を供給されている御方、キリスト者たちが寄り集まり、共に食い飲みする根拠であられる御方である。キリスト者たちが、「キリストのもの」、キリストに属するように（三・23参照）、彼らが信仰者としてあずかる共同の食事も「主から」のものである。それは「主の杯」にも同じことが確かに言える。この杯から信仰者、キリスト者たちは彼らの主イエス・キリストにあって飲み、「主の食卓」に彼らは共にあずかるのである（一〇・21参照）。

コリントびとの毎週の諸集会の共同の食事では、パウロが20節において語る「主の栄光のための食事」という言葉にふさわしい状態にない。というのも、パウロが読者たちに自覚させているように「食事の際、各自が自分の食事をかってに先に食べるので」、その結果「食べるものがない人」（字義通りには「飢える人」）があるかと思えば、酔っている人がいる始末である（21節）。この非難はもちろんすべてのコリントびとに当てはまるものではないであろう。これは「酔って飲む」人々にのみ当てはまったであろう。おそらく空腹であるか、あるいは生来食欲旺盛で、酒飲みの人々なので、できるだけ早くすべてを先に平らげ、ぶどう酒も飲み干す者たちがコリント教会の会員のうちにいたのは明らかであった（「食べたいがままにすべてを一気に平らげる」は字義通りには、「各人が〔自分の食べ物を〕先に取って」、つまり他の人が食卓につく前に先に取ること）。食卓の真ん中に参加者たちのために用意された食物をふさわしい作法で分け合う代わりに、彼らは、何らかの理由でゆっくり食べ飲む人々よりも速く、しかも非常に多く食べ、飲んでしまうのである。彼らはこのように他の人々に残しておかずに、「食べたいがままにすべてを」速い速度で食べすぎてしまうのである（「食べたいものすべて」は字義通りでは、「自分の食べ物」、つまり自分に割り当てられた食物の量のことである。プルタルコス *Moralia*（倫理論集）六四四C参照）。また彼らはそれによって、キリスト教会にふさわしい連帯性をくじくのである。「イエス・シラクの知恵」三一章12―31節において、人が共同の食事の時にどのようにふさわしく振る舞うべきかを幅広く記述している。「あなたは充分に備えられた食卓に座りなさい。あなたはその際口を大きく開かないようにしなさい。また、そこに何と沢山あるのだろう！　などと言ってはなりません……品のよい人として、あなたの前にあるものを食べなさい。食いしん坊にならないようにしなさい。なぜなら他の人があなたを嫌いになるからです。最初に食べるのをやめるのは礼儀正しいことです。また大食漢になってはなりません。なぜならあなたは他の人に不快の念を与えるからです。あなたが大きな集会の中で食卓につくとき、その際食べるためにあなたの手を最っ先に伸ばしてはいけません……ぶどう酒をふさわしいとき適量を飲むなら、喜びと幸福感が与えられます。しかし、多く飲みすぎると心に憤慨の思いを起こし、いさかいや災難を招きます……」（三一・12、16―18、28―29）。さらに異教徒の著作家プルタルコスも、共同の食事のとき、特定の人々ができるだけ多く食べ、飲み、他の参席者たちを考慮しない場合に起こりうる事柄について、次のような言葉を書き残している。「とりわけ割り当てられた食べ物を余りに多く食べる者は、他の人々と後から来る人々を怒らせる。他の人々はまことに速く航行する船の航跡を呆然として見るわけである。わたしは、会食の出席者たちのもとでの友好的でふさわしいはじまりに、そうした不信、強奪、略奪、卑怯な行いが起こるとは考えない。そうしたことがあれば、それは間違っており、卑しいことであり、しばしば罵《ののし》り合いと怒りの爆発を引き起こし、共に参席した客人たちにとってのみでなく、応対する人々や主人たちにとっても損害である」（*Moralia*（倫理論集）六四三F—六四四A）。パウロがそうした場面を避けさせようとするのは明白である。もちろんこれらすべての背景には、パウロの時代の多くの著述家たちが、飲み食いの際の自制心の不足の問題について均斉をとった警告をしていることがある（例、フィロン *De plantatione*（栽培者ノアの働き）一六〇、*De vita contemplativa*（瞑想的生活）四二—四四。プルタルコス *Moralia*（倫理論集）一二三D—一二四C、一二七E、ムソニウス・ルーフス *Dissertationes*（語録））。

次に使徒はいくつかの修辞的な手法を用いて、読者たちの思いを変えさせようと試みる。「あなたたちは飲み食いをする家がないのか」（22節a）。空腹なときは、自分の家で食事をする方《ほう》がはるかによいのである（34節aも参照）。つまり、自分の家ではなんでも遠慮せずに飲食することができ、またあらかじめ食べていると、会食でもっとゆっくり食べる他の人々に迷惑をかけることも起こらない！　パウロの次の問いかけは、さらに批判的であって、「それとも、神の教会を侮って、食べるもののない人々を笑いものにするのか」（22節b）と強い口調で語る。パウロはここで「神の教会」という重みのある表現を用いる（これについては一・2参照）。ふさわしくない仕方で飲み食いすることによって、規則正しく共同の食事に参加する一群の人々に対してだけでなく、互いに堅い交わりを持ち、また神の教会に属する群に対する軽視の態度がそこに現れている。さらにパウロが明らかにするように、彼らは「食べるもののない人々を笑いものにする」(22節b)ことによって、神の教会を軽んずるのである。彼らはできるかぎり速く飲み食いし、他の人々にほとんど何も残さないことによって、他の人々を「笑いものにする」のである。

多くの注解者たちや翻訳者たちは、「食べるものがない人」(字義通りには「持たない人」)という言葉を、一般的に「生活困窮者、貧しい人」の意味に解釈する。この「貧しい」という訳は、それ自体としては可能であろう(例、マタ二五・29、ルカ一九・26、クセノフォン*Anabasis*(アナバーシス)七、三、二八)。もしそうならば、ここにコリント教会の富める教会員と貧しい教会員との間の確執についてふれる言葉があるはずである。つまり、〈その会食の際に富める者たちは多くの食べ物を共同の食卓に持参する者たちとして、彼ら自身持ってきたものの大部分を平らげ、飲むであろう〉といった言葉があるはずである。もしそうであれば、彼らは他の人々より先にかってに飲み食いする(21節)のは、「自分の食物」ということになろう。この説明では大きな困難が生じる。ここの章節全体は、ここでコリント教会の富める会員と貧しい会員との間の社会的な確執があることについての何らの示唆も見出せない。もちろん、富める教会員は共同の食事に、貧しい教会員よりもより多くの食べ物を持参したであろうが、富める教会員の方がいつもより空腹であるとか、貧しい教会員よりもより早く食卓について食べ始めるとも語られていないし、またそのためほとんどの食べ物、つまり彼ら自身持参した食べ物を平らげ、飲みつくしたとも語られていない。パウロの22節における、二つ目の修辞的な問いかけ、「神の教会を侮り、食べるものがない人々を笑いものにするのか」でもって、早く多く飲み食いをして、他の人々を手ぶらにしてしまう若干の人々をとがめているように思われる。つまり、パウロはここで空腹ゆえに、すべてを平らげ、飲みつくし、酒に酔い（21節）、また「何も持っていない人々」（21節）、あるいは「食べるものがない人々」を放置する若干の人々を責めているのである（「何も持っていない人々」は、字義通りでは「飢えている人々」。また「食べるものを何も持たない人々」の意味の「持たない人々」という表現については、例、ネヘ八・11、第三エズラ九・51、54）。さらにその際、何も持たない人々は、食べつくす人々によって「笑いものにされる」。こうしたとがめられるべき態度は、神の教会の中に成り立つべき連帯性と一致に反する。パウロはそれゆえにこのような振る舞いはほめるわけにはいかないと、22節の終わりでもう一度注意するのである（17節参照）。

パウロは自分の論述に力をそえるために、このくだりの第二の部分で（23―26節）、読者たちに彼らの共同の食事はすべて彼らの主イエス・キリストの死の想起に向けられていることを指摘する。そのために、彼はコリントびとに、イエスが弟子たちとなさった最後の食事についての話を聞かせる（23―25節）。その際パウロは、この話を彼は「主から親しく聞いた」のであり、以前にも（疑いなく彼のはじめてのコリント市訪門時。I巻序論参照）、彼らに「伝えた」と注意している（23節）。「聞く」と「伝える」（あるいは「手渡す」）というギリシャ語は、諸伝承、つまり初代教会でのよく知られていた、また伝えられた、もろもろの話のことである（一一・2も参照）。パウロが別の箇所でイエスの言葉を指示するときは、たとえば初代のキリスト者たちによって伝承された、地上のイエスから弟子たちに言い渡された言葉である（例、Ⅰコリ一五・3―7）。事実パウロは初代教会の諸伝承を伝えており、これは彼自身も伝承され受けたものだと語っている。パウロがここで自分はイエスの最後の晩餐についての話を「主から親しく聞いた」、つまりイエスが親しく自分自身に語ったと、述べているのは注目すべきである（「から聞く」という表現の用法については、パピアス *Fragment*（断片）一一・2、使九・13、ガラ三・2、コロ一・7、Ⅰヨハ一・5参照）。換言すれば、使徒は、当該の言葉を復活後の主イエスから、主が御自身お語りになるままに聞いたとすれば天から聞いたのである。そのことはパウロの全福音にとっても言えるし（ガラ一・12参照）、彼が授かった一定の「諸啓示」（Ⅱコリ一二・1―4参照）にも言える。どのようにこれを具体的に表現すべきかは、簡単なことではない。パウロ自身がここでこれ以上踏み込んで語らないからである。パウロがイエスの最後の晩餐についての話を主御自身から受けたのをコリントびとが知ること、まさにそのことが真実であり、絶対に真剣に受けとられるべきであることこそ、パウロにとって重要なのである。

パウロは、主イエスが弟子との最後の晩餐で行い、また語った事をここで「主イエスは引き渡される夜……」（23節）という言葉で始める。イエスが当局に「引き渡される夜」という言葉は、内容に関しても、また用語に関しても、そのように伝承され、初代教会では一般に周知のことであった（特にマタ二六章、マコ一四章、ルカ二二章、ヨハ一八章、使三・13参照）。

その夜（あるいは晩）の最後の晩餐で起こった事柄は、パウロによっても、またマタイ、マルコ、ルカの聖書記者によって、それぞれ違って語られており、よくまとめられている。一世紀では、主イエスの最後の晩餐についての同形の伝承はまだなかったのは明らかである。つまり、ローマ帝国内のキリスト教会の間では様々な話が広まっていた。われわれは二つの主な形式を区別できる。一つはマルコ福音書とマタイ福音書にある話であり、もう一つはパウロの手紙とルカ福音書にある話である。対観表によって、これを明らかにすることができる（マルコ／マタイとパウロ／ルカの間にある最も顕著な違いの箇所には傍点がふられている）。以下はその対観表である。

マルコ一四・22―24	マタイ二六・26―28	ルカ二二・19―20	Ⅰコリント一一・25―26
また一同が食事をしているとき、	また一同が食事をしているとき、	また	
彼は	イエスは	彼は	
パンを取り、祝福して、	パンを取り、祝福して、	パンを取り、感謝して	パンを取り、感謝を表し、
これをさき、	これをさき、	これをさき、	これをさき、
彼らに与えて、言われた。	弟子たちに与えて、言われた、	弟子たちに与えて言われた。	そして言われた。

「取れ、これはわたしのからだである」。

また彼は、

杯を取り、感謝して彼らに与えると、みなはその杯から飲んだ。

また彼は彼らに言われた。

「これは、多くの人のために流す

「取って食べよ、これはわたしのからだである」。

また彼は、

杯を取り、感謝して彼らに与えて言われた。

「みな、その杯から飲め、

これは、罪のゆるしを得させるようにと、多くの人のために流す

「これは、
あなたたちのために
与えられるわたしのからだである。
わたしを記念するために、
このように行いなさい。

食事ののちも、
杯をも同じように取り、
そして、彼は言われた。
「この杯は
わたしの血による、
新しい契約であり、
あなたたちのために流す」。

「これは
あなたたちのための
わたしのからだである。
わたしを記念しつつ、
これを行え。

食事ののち、
杯も取り、
そして言われた。
「この杯はわたしの血による新しい契約である。

わたしの契約の血である」。

わたしの契約の血である」。

これを行い、飲み、そのたびにわたしを記念せよ」。

この対観表から明らかなように、四つの書では、パンをさき、食し、続いて杯から共に飲むと記され、さらにこれらの四つの書では、主イエスはパンと杯を手渡す際に特定の言葉を語られたことが共通している。主イエスはパンと杯（ぶどう酒）に説明を加える。近づいている彼の死を誤解の余地なく意味している説明である。「からだ」と「血」（一〇・16参照）は、主イエスの地上の実存在《エクジステンシー》を指し示し、またこの契約における彼の死を指し示す（一〇・16参照）。これと並んで連結動詞の「である」は、（パンと主イエスのからだの同一性、あるいは杯／ぶどう酒と契約／イエスの血との間の）同一性を表現するのではなく、「に当る」、「意味する」、「比べられる」、「象徴される」として理解されるべきである（例、ガラ四・25の「ハガルは、シナイの山に当る」参照）。

パウロは、このコリント人への第一の手紙のテキストにおいて、主イエスは、「パンを取り、感謝して、これをさき」（「感謝して」と「これをさき」については一〇・16参照）、そして言われた、「これはあなたたちのためのわたしのからだである。わたしを記念しつつ、これを行え」（23―24節）。この傍点を打った言葉は、マルコによる福音書とマタイによる福音書とには欠けているが、ルカによる福音書には記されている。イエスの死についての「あなたたちのためのわたしのからだである」という、パウロがコリント人への第一の手紙で語る言葉は、ルカによる福音書の「あなたたちのために与えるわたしのからだである」と同じである。彼は全くの罪なき殉教者として、他の人々のために死んだのであり、自分自身を他の人々のために引き渡したのであり、彼の死は「わたしたちのため」、「わたしたちの罪のため」の代理の死、和解の代価としての死であった（例、八・11、一五・3、ロマ五・6―8、八・32、一四・15、Ⅱコリ五・16、ガラ二・20、Ⅰテサ五・10、エペ五・2、25）。結局、パウロとルカにおいて、「わたしの記念のため」、「このように」、パンをさき、食べなさいという呼びかけが見出されるのである。パンをさき、それを食べることが、またそれをもって共同の食事全体が、イエス・キリストの死と、彼の死がなしとげる救いの記念になるのである。

パウロとルカの双方とも、〈主イエスは食事ののち杯を取った〉（25節）と続けて明白に語る。この表現は、シンポジウム（饗宴）やコンヴィヴィウム（祝宴）の通常の二区分、つまり共同の食事の後に飲み、語り合い、歌う「打ち解けた」集いが続くが、これを反映している（例、プラトン *Symposium*（シンポジウム）一七六Aの「そののちソクラテスは座り、他の人々と共に食事をした後で、彼らは飲み物を持って来て、神を称え、歌い、宗教的な振る舞いをして、ぶどう酒を飲むならわしであった」。クセノフォン *Symposium*（シンポジウム）二、一、プルタルコス *Moralia*（倫理論集）一五〇D参照）。

主イエスが杯を取って言われた最初の言葉は、彼の近づく死（わたしの血）と彼の死による新しい契約とを改めて指し示す。パウロとルカの語る言葉も同一である。すなわち、「この杯はわたしの血による新しい契約である」(25節)。イエス・キリストの代理の、和解をはかる死によって新しい状態が生じ、神とキリスト者との間の新しい契約が成り立つ。最初の契約は、神とイスラエルの民との間の契約であった(出二四章)。初代教会は、キリストの死によって、神は新しい契約を結んだと考えた。すなわち、今回の契約は、神と新しいイスラエル、すなわちキリスト者たちとの間に結ばれた契約である。この新しい契約は、初代教会の考えるように、旧約聖書において約束されていたものである。エレミヤ書三一章31節に「主は言われる、見よ、わたしがイスラエルの家とユダの家とに新しい契約を結ぶ日がくる」と約束されている。パウロでは、この考えは別の箇所でも見られるし(Ⅱコリ三・6、ガラ四・24参照)、また非常に広範にこの主題に立ち入っているヘブル人への手紙もこの考えに立っている(ヘブ七・22、八―九章、一〇・16、一二・24、一三・20参照)。

パウロがここで述べている伝承で目立つのは、主イエスが杯を取り、手渡し、「これを行い、飲み、そのたびに、わたしを記念せよ」(25節結び)という、主イエスの最後の言葉である。杯を取り、手渡して言われたこの言葉はマルコとマタイ、ルカでは見られない。パウロとルカに記されているように、その25節結びの言葉はパンをさき、手渡すときの主イエスの最後の言葉をほとんどそのまま記している。パウロがここで手渡す伝承においては、食べることも、続いて飲むことも、つまり共同の食事全体が、イエス・キリストの「記念として」、特に彼の死と、神が彼のともがらと結んでおられる新しい契約を想ってなされるべきであることが強調されている。

パウロは23―25節によって、主イエスの最後の晩餐についての話を彼の読者たちに想起させている。パウロがこの話を彼らにこれまでに語っていたゆえに、彼らはこの話を知っている。この伝承は――様々な形であったが――諸教会で知られているだけでなく、同じこころざしの共同体として、キリスト者たちが寄り集まるときにはっきりと想起された。とすると、客をもてなす主人や重要な客人が食事のはじめにパンをさき、このシンポジウム（饗宴）の二部（「くつろいだ」集い）の始まりには、ぶどう酒を杯に注ぎ、出席者にその最後の晩餐の時の主イエスの言葉を指示したのだと、とにかく大いに考えられるのである。キリスト者たちは一つの共同体を形成し、これがキリストへの信仰を分ち合い、彼の死がもたらしたものにあずかる（一〇・16参照）のである。またキリスト者はそのことを意識させられるにちがいなく、彼らはその諸集会のときにこそ意識させられるにちがいない。

パウロが主イエスの最後の晩餐についてのこの話でコリントびとに銘記させようとしているのは、彼らが共に飲み食いするときはいつも、「主の死を告げ知らせ」ている（26節）ということなのである。大抵の翻訳は「指示する」の代わりに「告げ知らせる」と訳している。またパウロが用いるギリシャ語は、普通「告げ知らせる」、つまり「口頭で知らせる」ことを意味する（例、一一・1、九・14、ピリ一・17―18）。しかし、パウロはここでコリントびとに、（またすべてのキリスト者たちに）食べ飲む時に相互に、あるいは他の人々に福音を告げ知らせよと言っているのではなく、彼らの共同の食事自体が、「主の死」と主の死が彼らにもたらした「救い」とを「担保している」と言おうとしている。彼らの共同の食事によって、彼らがイエス・キリストへの信仰から生きる共同体を形成していることが見えるようになる。彼らの共同の食事は、キリストの死の救いの働きをもたらす福音を、まことの「見えるもの」にする。福音を「想起させ」、福音を「伝達し」、福音を「喚び起こし」、福音を「告げ示す」(「告げ示す」という動詞の同じ意味については、フィロン *De Iosepho*(ヨセフについて)一九二、*De migratione Abrahami*(アブラハムの移住)一八九、*De opificio mundi*(創造について)一〇六参照)。このようにパウロは、キリスト者たちが主の到来を待ち望んでいるこの時の間に、教会のすべての諸集会にこれは妥当すると語る(26節結びの「主がこられる時に至るまで」。一・7、一六・22、ピリ三・20、Iテサ一・10、四・15—17参照)。

パウロは、主イエスの最後の晩餐についての話に基づいて、読者たちに彼らの共同の食事の大きな、また特別な価値についてそこで得心させようとした後で、もっと威嚇的な一節、27節からは、生活を改めようとしない人々に対する「罰」について語り出す。先に語った事柄の結論として(27節の「だから」参照)、またそれに続く言葉への導入として、使徒は「ふさわしくない食べ方、飲み方でパンを食べ、主の杯を飲むもの、こうして主のからだと血に対して罪を犯す」者(27節)について指摘する。共同の食事にあずかることは「ふさわしく」行われる必要がある。この御方のパンを食べ、「そして」(字義通りには「あるいは」、例、マタ五・17、ヨハ八・14、使一・7、一二・8)、この御方の杯から飲む(一〇・16、21参照)ところの「主の栄光のための食事」(20節)にあずかるからである。そのパンを食べ、飲むという二つからなる、食事の全体は、福音を担保しており、主と彼の代理的死、和解させる死を「指し示す」(26節参照)。

パウロが「ふさわしくない仕方で」と言うことの意味は、17―22節から明らかである。ここではその人がたとえば罪過と罪から自由になっているかとか、「主の栄光のための食事」にあずかる資格を持つ人なのかどうかという問題ではない。パウロは、ここで共同の食事への参加に対する充足の要求をしているのではない。問題はとにかく参加者自身のことでなく、彼らが共同の食事に参加するそのあり方のことである。具体的に言えば、できるだけ速く飲み食いをし、またできるだけ多くの量を飲食し、他の会食者たちへの配慮を怠るなら、その人は「ふさわしくなく」共同の食事に参加しているのである。そうした振る舞いをする人は、パウロが読者たちに知らせているように、誰であっても、「主のからだと血に対して罪を犯す」のであり（この「犯す」という語の使用については、参照、ヤコ二・10）、主の死に対して、神がキリストの死をもって人類のために成し遂げてくださった一切に対して、福音の核に対して、「罪を犯す」のである。それゆえ、パウロはここでその罪を犯した人々が食事に参加がゆるされないと言おうとするのでなく――これはかつてかなり支持された見解であるが（参照、ディダケー一四はこの見解に立っている）――「ふさわしくなく」飲み食いする人は罪人になると言うのである。人が神の教会の共同の食事の特別な価値を悟らずに、ただ自分の腹をできるだけ早く満腹させようとするなら、神の救いの計画に対して「罪を犯す」（字義通りには「罪があるであろう」、「罪を犯すであろう」）。一般の格言を語るために未来時制を使用することについては、八・8を参照）。

人がふさわしくなく共同の食事に参加するなら「罪を犯す」から、「自分自身を吟味し」、そうしてから食事にあずかるべきである（「パンを食べ、杯のものを飲むべきである」28節）。人は共同の食事の前にこのように「自分自身を吟味し」、「自らを点検」すべきである。この自己点検に際して、自分が正しい信じ方をしているか、あるいは信仰から生きているかいないかなどを問題にするのでなく（Ⅱコリ一三・5参照）、人が自分の飲み食いする際に自制しうるかを問題にし、さらに共同の食事は、キリストとその死がキリスト者に及ぼしているものへの信仰から相寄って形成している共同体の表現であることを認識しているかを問題にする（一〇・16—17参照）。「そのうえで」（28節。字義通りには「それから」、ガラ六・2参照）とは、自分で吟味したうえで、自分を掌握して、つまり食事がまさに「交わりの食事」であるとわきまえてこの食事にあずかるべきなのである。

しかし、パウロが29節で読者たちに脅やかす口調で分らせているように、もし人が不適切な仕方で共同の食事にあずかるならば、「その飲み食いによって自分にさばきを招く」。それは人が「主のからだをわきまえ知らないで」食事をするときに起こる。パウロがここで用いる動詞とその訳語の「わきまえ知る」は、31節でもう一度用いられる（「わたしたちが自分自身をよくわきまえ知るならば」）。「わきまえ知る」の意味については、例えば、マタ一六・3、偽クレメンス *Homilieën*（説教）一〇、一六、一、Ⅰコリ一二・10、一四・29参照）。使徒はこれを31節（「わたしたちが自分自身をよくわきまえ知るならば」）でも二度使う。この「わきまえ知る」という語はここの文脈では、パウロが28節で用いる動詞（「だれでもまず自分自身を吟味して」）とほぼ同義である。例えばディダケー一一・7—11を見よ。パウロがこの諸節で強調するように、共同の食事の前、またその時には「自分自身」と

「主のからだ」とをわきまえるべきである。

パウロは29節で「からだ」とさらに言うが、それはキリスト者自身のからだ（腹）のことではない。食事の時、あるいは食事の前に自分をわきまえるべきであると言っているのでもない。また24―25節と27節における地上のキリストのからだや彼の死を指しているのでもない。ここでの「からだ」は、先に語られた主のからだを指し示す文の構造に連なっていないし、さらにここでは「からだ」についてのみ語られており、まさに27節でしているように「血」については語られていない。ここで「からだ」は、ちょうど一〇章17節の場合のように〔文法的な意味で〕絶対的〔無関連〕に記されている。それゆえ、パウロは29節の「からだ」という語によって、信仰者たちの形成する共同体を指しているのである。彼はキリスト教会の一致と連帯を表現するために「からだ」の比喩をしばしば用いる。次章12章で、彼は特にこの「からだ」の比喩をさらに詳しく言及する（一二・12―27、一〇・17参照）。

キリスト者として共同の食事をするとき、こころざしを一つとする教会として互いを「からだ」として認識せねばならない。そうでなければ、「人は飲み食いで神の罰を自分に招く」（字義通りには「人は飲み食いで自分にさばき／罪を」）。この言葉でパウロは共同の食事にあずかる者たちへの神の方からの罰を考えている。それは終末時の審判、あるいは罰ではなく、この世界の中で、今ここで受ける罰である。ユダヤ人パウロは、罪を犯した人はすでにその生涯のうちに神によって「さばかれる」、「罰せられる」という旧約聖書とユダヤ教の考えを知っている（例、出五・21、詩五・11、ヨブ一〇・2、エゼ五・8、10、15、ホセ五・1、六・5、ゼパ三・8、ソロ知一二・12、Ⅰマカ七・42、ソロ詩二・13、17、32、八・26）。このように彼も、キリスト者たちも「ふさわしくなく」共同の食事にあずかって、「主のからだと血とに対して罪を犯す」ならば、彼らも神によって今の時代に罰されかねないと考えるのである（27節）。パウロは五章でほぼ同じような言い方で、義母と関係を持った男性に対する神の罰として、「彼の肉の滅びが起こる」（＝死）と語っている（五・1—5参照。ここでは一一・29と違って、罰の執行者がサタンであると明白に記されている）。

パウロがどのような罰を考えているかは、この文脈からして30節で明らかになる。パウロがコリント教会に「病む者や弱い人が多く」、「多くの死んだ者」さえいるのを耳にしたのは明らかである。彼はこの事態をコリントびとが「わきまえないで」共同の食事にあずかる事実と結びつける。彼はこれらのすべてからコリント教会における病気と死とを、この無作法で罪深い振る舞いゆえに、神からの罰として受け取らねばならぬという結論を引き出す。彼がこの結論に達したのは、素早くとりわけ多量に飲食すれば健康を害すると考えたからであると充分考えうる。例えば、「イエス・シラクの知恵」三七章29—31節の「なぜなら大食は病気を引き起こし、また不節制は胸のむかつきを引き起こす。不節制によって多くの人々が死んでいる……」。同三一章20節、22節。さらにクセノフォン *Memorabilia*（ソクラテスの思い出）三、一三、二、プルタルコス *Moralia*（倫理論集）一二四C、一二九F、*Alexander*（アレクサンドロス大王）七五〔列伝七〇六C〕、ムソニウス・ルーフス *Dissertationes*（語録）一八A—Bなどを参照。最終的には一切は神の御手の中にあるゆえに、コリント教会に多くの病人がおり、多くの死んだ人もいるという事実には、原因がなければならない。パウロが考えるように、原因は、コリントの多くのキリスト者たちが共同の食事のとき自分自身と自分の腹のことだけを考えて信仰の仲間への配慮をしていない事実に求められるべきである。

29―30節は明らかに、コリントびとに警告を与えようとしている。つまり、共同の食事を物笑いの種にしつづけ、それによって福音に対して罪を犯すキリスト者たちは、ここで今神によって罰せられるであろう、と警告している。しかし、それでもってすべてが言いつくされたわけではない。それゆえ、パウロは彼の脅かし調の警告の言葉（29―30節内）の後に、二つの文章を付け加える。31―32節である。その中では彼は読者たちに多少とも励ましとして、神の罰の必然性と積極性について指摘する。彼はここで先行の節と後に続く節とは違って、一人称複数「わたしたち」で語る。つまり、彼がここで神からの罰について語る事柄は、コリントびとのみならず、すべてのキリスト者たちに該当するのである。彼はまず「わたしたちが自分自身をよくわきまえて知っているならば、わたしたちは罰されないであろう」（31節）と語る。このギリシャ語の表現は、使徒がここで現実にはない事柄を語っているのを明らかにしている。これらの言葉が語ろうとする事柄は、今もって彼らが自分自身を正しく見きわめていないゆえに、実際にはすべてのコリントびとはおそらく神の罰を受けることになるということである。人は無論「わきまえる」こと、「自分を吟味すること」、自分の行う事柄を正確に知ることに努めるにちがいなく（28節と29節）、こうして罪を避けようと試みるのであろうが、実際行動上はいつしかそれを忘れてしまうのである。ならばその振る舞いは人を罪へ導き、そのことの結果として神からの罰にいたるのである。

罰は、生活の実際においてはほとんど避けられない。しかし同時にこれにはある積極的な面がある。すなわち、「わたしたちに下っている主の罰によって、わたしたちは主によってただされ、ついには世と共に断罪されることがないようにされるのである」(32節)。「主」(=神)の罰は、パウロによれば、「訓戒」と見られねばならない。またも使徒はよく知られた旧約聖書とユダヤ教の考えを用いる。すなわち、神は彼に属する者たちを、あたかも父親が自分の子供たちを「訓戒」するように、もろもろの罰で「訓戒する」(あるいは「懲らしめる」)。例えば「ソロモンの知恵」一一章9―10節の「なぜなら、彼ら(=荒野におけるイスラエルの民)が、試練に会ったとき――憐れみの訓戒――彼らは、不信仰の者たち(=エジプトの人々)が〔神の〕怒りの罰に苦しめられたのであったのを理解するからである。あなた〔神〕は彼らにとって、自分たちを試練に遭わせ勧告する父であられた。しかし他の者たちには、審問に引き出し、検査し判決を下す厳しい王のような方であられる」を参照(また例えば、詩三九・12、九四・10、12、一一八・18、箴三・12、イザ二八・26、エレ一〇・24、四六・28、ホセ七・12、ソロ詩八・26を参照。また彼の子らを「訓戒する」父親としての比喩については、例えば、箴一・8、四・1、一九・18、20、27、二九・17、ベン・シラ七・23、三〇・2、13を参照)。

ヘブル人への手紙でも、筆者が読者たちの苦難を、神の側からの父としての訓戒あるいは懲らしめとして描いているくだりに出会う。「子たちに対するように、あなたたちに語られたこの勧めの言葉を忘れている、『……主は、愛する者を訓練し、受けいれるすべての子をむち打たれるのである』。あなたたちは訓練として耐え忍びなさい。神はあなたたちを、子として取り扱っておられるのである。……いったい父に訓練されない子があるだろうか……肉親の父は、しばらくの間、自分の考えで訓練を与えるが、彼（＝神）は、わたしたちをただし、御自分のきよさにあずからせてくださる」（ヘブ一二・5―11）。このくだりは無論、コリント人への第一の手紙のこのくだりとは文脈が違っている。つまり、ヘブル人への手紙の読者たちは、（罪を犯していない）キリスト者たちとして、迫害にさらされ、今は確かに苦難に直面しているであろうが、最終的には永遠の救いへ導かれるのであるから、その苦難を父なる方の訓戒として受け取るよう勧告されている（Ⅰペテ四・17―18参照）。コリント人への第一の手紙のこのくだりでは、罪なき者の苦しみについて語るのではなく、福音に対する「罪」について語られている（一一・27）。その福音への罪は、神によって病気と死で罰される。それにもかかわらず、パウロによれば、これらの罰は、ヘブル人への手紙の一二章に記されているように積極的な意味を持った、父の訓戒として考えられるべきである。すなわち、ヘブル人への手紙では「神の救いにあずかるために」、コリント人への第一の手紙では「世と共についには断罪されないように」と告げられ、異教徒たちの、あるいは非キリスト者たちの「世」は、終末の時に神によって審判され、断罪され、他方キリスト者たちは終末の時に栄光、救い、永遠の生命を受けるであろう（六・2、ロマ三・6、19参照）と語られる。ここで今、キリスト者たちは神の罰を受けねばならないが、この罰は不信仰者たちが最後の日に受けるさばきに比べると小さいのである。このようにコリントびとが受ける神の罰には（27―30節）――とにかく全く適切であるが――積極的な面もあるのである。

確かにコリントびとは、ここで今、神によって「訓戒」されているのだが、最後には彼らは神によって「断罪されない」のである。神によって、死の罰を受けたキリスト者も、時の終わりには神の救いを受けるのである（五・5参照）。

パウロは33―34節において、これまでの部分をもう一度要約する。神からの罰を避けることはできず、あるいはほとんど避けることができないのも、キリスト者たちが最終的にはあずかる救いに洩れるわけにはいかないからである。だからこそ「罪を犯す」のを試みるべきではなく、今ここで神の罰を避けることに最善をつくすべきである。それゆえ使徒は、共同の食事に集まるときは「待ち合わせる」ように、コリントびとにこの一一章の終わりにあたって呼びかける（33節。「待ち合わせる」は、パウロによってここで用いられる動詞の普通の意味である。例、一六・11、使一七・16、ヘルマスの牧者 *Similitudo*（比喩）九、一〇、五、同九、一一、二、ポリビオス *Historiae*（歴史）三、四五、六、エピクテートス *Dissertationes*（語録）一、九、一六、同二、一六、四四）。というのは、すぐにすべてを食べつくし、飲みつくしてはならず、何らかの理由で「遅れ」たり、早く飲み食いのできない仲間、あるいはそうしたくなく、できない信仰の仲間を考えに入れるべきだからである（21節参照）。そこで、互いに「待ち合わせ」、共同の食事の機会を与え合い、堅固な共同体としての食事にあずかるべきなのである。自分の腹をみたすのを望むのではなく、イエス・キリストを信じ、自分たちのためのこの方の死がつくり出しているものを信じる者たち同志の交わりを思うことこそ大事なのである。

パウロは「空腹の人は家で食べてこさせよ」という言葉でこの章節を締めくくる（34節a。22節a参照）。換言すれば、人は空腹ならば、また共同の食事の際に他の人々と「待ち合わせる」のを望まないならば、あるいは待ち合わせができないならば、「家で」食べるべきである。自分の家では確かに自分の望むように早く、多く飲み食いができる。家では自分だけか、家族と一緒であるからである。しかし、公の集い、キリスト者の集会の時には他の人たち、信仰の仲間を考えに入れるべきである。そうせずに自分だけできるだけ早く、また多く、共同の食べ物を独り占めにするならば、「自分に神の罰を受ける」（34節b。29―30節参照）。使徒は結びの言葉として、「そのほかのこと」は彼が彼らのもとに行き次第（34節c。四・19、一六・5―9参照）「処置する」と読者たちに知らせている（七・17、一六・1参照）。パウロはこの「問題」が何であるかを明らかにしていない。それらは文脈からすれば、共同の食事に関するその他の諸問題であろう。パウロは読者たちに、なお処置しなければならないほかのことがまだあることと、それを処置するのは、また行ってみんなの中に身を置いてするのだと、今は、幾分漠然とした言い方で告げているのではなかろうか。

訳者あとがき

本訳書はDr. H. W. Hollander, *I Korintiërs II: Een praktische bijbelverklaring*, Kampen, KOK 1996の全訳である。著者H・W・ホーランダル博士はオランダの高名な新約学者であり、『聖書翻訳のスペクトル』（編著）などの著書がある。

I巻で、本注解書の特色について記したので省略するが、訳者として本注解書を読んで改めて強く感じたことは、当時のコリント教会を取りまく圧倒的な異教社会の気圧であり、またその気圧に気付かぬまま生きているコリントのキリスト者の姿であり、そのことは現代の日本社会に生きるわれわれを逆照射するのである。その状況の中で使徒は、コリント教会の一人一人に対して、慈父のような配慮をもって、コリント教会がキリストをかしらとする教会を形成し、キリストの福音に生き抜くために、主にある希望に立って、彼自身のすべてを注ぎ出し、言葉をつくして牧会する姿を、本注解者は言語学的な分析を加えて釈義し、全く新しくコリント人への手紙を読むような新鮮な思いに満たされた。たとえば、一例を挙げると一一章の集会でのかぶりものの問題、創世記を引用して述べられた男と女の問題は、夫と妻の深い関係から釈義されており、その釈義の新しい視点に心から納得させられた。訳者の個人的感想を僭越にも記させていただくならば、次のような思いでいる。「慈父のような使徒パウロ先生！　あなたのコリント教会への勧告の言葉に照らされて、キリストより委託された福音宣教と教会形成がどんなに大切であり、尊いわざであることかよくわかり、自分をかえりみて、なんと貧しく乏しい応答をしてきたことでしょうか。また時代の非福音的（異教主義的）な気圧に無自覚に妥協したことでしょうか。主をかしらとする信仰共同体を希望に立ってこの地上に形成することが、主の大きな委託であり、感謝すべき事柄であるのを自覚し、祈り、仕える思いを益々お与えください。これからも生のある限り、そのために仕えさせてください」。訳を終えてこの思いに今満たされている。

現代日本の地で、福音宣教を託されているキリスト者も、コリント教会の時代と状況は違っていても、やはり世俗化され、グローバル化しつつ一種の異教主義の気圧のもとで、人々が「生きる真の意味」を見失って魂の滅びに瀕している時代の中で、わたしどもは神の救いの福音を宣教する委託を受けており、コリント教会と今日のわれわれとは同じ格闘をしているのである。

最後に、この訳業を支えてくださった教文館の方々、また翻訳について助言し、励ましてくださった登家勝也牧師に感謝したい。

二〇一九年一二月

池永倫明

訳　者
池永倫明（いけなが・ともあき）

1937年，中国東北部に生れる。

1968年，日本基督教会神学校卒業。

1968-72年，日本キリスト教会富良野伝道教会牧師。

1972-90年，日本キリスト教会沖縄伝道所牧師。

1990-2013年，日本キリスト教会蒲田御園教会牧師。

現在，日本キリスト教会引退牧師。

著書『喪失と発見』（2000年，一麦出版社）ほか。

訳書『ホセア書』（2014年），『コリント人への第一の手紙Ⅰ』（2017年），以上ともに「コンパクト聖書注解」として教文館より刊行。ボンヘッファー著／ロイター編『行為と存在』（2007年，新教出版社），『改革派教会――その教派のプロフィール』（2017年，いのちのことば社）ほか。

コンパクト聖書注解
コリント人への第一の手紙Ⅱ

2020年1月25日初版第1刷発行

訳　者　池永倫明
発行者　渡部　満
発行所　株式会社　教　文　館
〒104-0061　東京都中央区銀座4－5－1　電話　03(3561)5549（出版部）
URL　http://www.kyobunkwan.co.jp/publishing/
印刷所　株式会社　真　興　社

配給元　日キ販　〒162-0814　東京都新宿区新小川町9－1　電話　03(3260)5670
ISBN 978-4-7642-1712-6　Printed in Japan

コンパクト聖書注解 既刊

旧約シリーズ

創世記Ⅰ（C. ヴェスターマン）	416頁，3000円
創世記Ⅱ（C. ヴェスターマン）	388頁，品切
出エジプト記Ⅰ（C. ホウトマン）	288頁，3500円
民数記（B. マールシンク）	358頁，2700円
ヨブ記（A. ファン・セルムス）	446頁，3500円
箴言（L. A. スネイデルス）	406頁，3800円
伝道の書（J. A. ローデル）	272頁，2500円
雅歌（M. J. ミュルデル）	160頁，1600円
エゼキエル書Ⅰ（M. デイクストラ）	436頁，3500円
エゼキエル書Ⅱ（M. デイクストラ）	438頁，3500円
ホセア書（C. ファン・レーウェン）	222頁，2700円

新約シリーズ

マルコによる福音書Ⅰ（C. J. デン・ヘイヤール）	318頁，2600円
マルコによる福音書Ⅱ（C. J. デン・ヘイヤール）	316頁，3000円
ルカによる福音書Ⅰ（H. ミュルデル）	278頁，2800円
ルカによる福音書Ⅱ（H. ミュルデル）	332頁，3200円
ローマ人への手紙Ⅰ（H. バールリンク）	262頁，2700円
ローマ人への手紙Ⅱ（H. バールリンク）	258頁，2700円
コリント人への第一の手紙Ⅰ（H. W. ホーランダル）	276頁，3500円
コリント人への第一の手紙Ⅱ（H. W. ホーランダル）	192頁，2800円
ガラテヤ人への手紙（C. J. デン・ヘイヤール）	268頁，2000円
コロサイ人への手紙（L. Th. ヴィトカンプ）	232頁，2100円
ヘブライ人への手紙（J. レイリング）	296頁，3500円
ヨハネの黙示録（L.ファン・ハルティンクスフェルト）	252頁，2300円

上記価格は本体価格（税抜）です。